Innovation Stuntmen

Mit »Innovation Stuntmen« erforschen Stefan Scheer und Tim Turiak die kulturelle und soziale Dimension von Innovation. Das Augenmerk liegt auf den Menschen, die dieses Neue in die Welt bringen, ihren Denkweisen, Methoden und Werkzeugen. Vor allem geht es darum, dieses Wissen weiterzugeben: im Web, in Büchern und in Seminaren.

Stefan Scheer ist kreativer Berater, Autor und Initiator zahlreicher Projekte und Veranstaltungen zum Thema Kreativität. Er lehrt als Gastprofessor an der Folkwang Hochschule der Künste.

Tim Turiak ist kreativer Berater, Autor und Redakteur. Als Dozent lehrt er an der Fachhochschule Düsseldorf

www.innovationstuntmen.com

Stefan Scheer, Tim Turiak

INNOVATION STUNT MEN

MENSCHEN, DIE UNSERE WELT
NEU ERFINDEN

Campus Verlag
Frankfurt/New York

ISBN 978-3-593-39814-3

Das Werk einschließlich aller seiner Teile ist urheberrechtlich geschützt.
Jede Verwertung ist ohne Zustimmung des Verlags unzulässig. Das gilt
insbesondere für Vervielfältigungen, Übersetzungen, Mikroverfilmungen
und die Einspeicherung und Verarbeitung in elektronischen Systemen.
Copyright © 2013 Campus Verlag GmbH, Frankfurt am Main
Gestaltung: Michel Becker, Düsseldorf
Gesetzt aus: ITC Clearface und Vonnes
Druck und Bindung: Beltz Druckpartner, Hemsbach
Printed in Germany

Dieses Buch ist auch als E-Book erschienen.
www.campus.de

Vorwort von Alexander Osterwalder.   6

Innovation Stuntmen. Die neuen Helden.   8

ARTHUR POTTS DAWSON
Die Community. Das Unternehmen des 21. Jahrhunderts.   10

JENOVA CHEN
Der Markt der Gefühle.   32

FRANCIS KÉRÉ
Die neue Welt.   60

SKYLAR TIBBITS
Programmable Matter. Das Unbelebte beleben.   86

KATIE SALEN
Fähigkeiten für das 21. Jahrhundert.   110

HOD LIPSON
Der Ingenieur des Lebens.   134

ANDERS WILHELMSON
Der Architekt sozialer Strukturen.   158

SETH COOPER
Das Elektronengehirn.   180

YAW ANOKWA
Das Betriebssystem der Zukunft.   202

Nachwort   222

Bildnachweise   224

INNOVATION STUNTMEN

VORWORT

VORWORT

Die in diesem Buch portraitierten Menschen sind Gestalter sozialer Systeme. Sie analysieren Bestehendes und Bekanntes, um es in neue Formen zu packen, und helfen damit, die Zukunft zu gestalten.

Oder sie gehen neue Wege, indem sie neue Technologien auf eine Art und Weise nutzen, welche unsere Gesellschaft manchmal für immer verändert. Sie schärfen den Blick auf unser Leben und unsere Welten, wie wir vernetzt sind, wie wir wirken.

Innovation ist in diesem Sinne nicht »nur« Erfindung, sondern stetige Erneuerung, die sich an der Dynamik sozialer Systeme orientiert. Das Ziel dieser Erneuerung ist, auf ein System zu wirken, um neue Dimensionen zu eröffnen, um neue Alternativen zu ermöglichen. Diese Innovationen gehen weit über den Nutzen einfacher Produkte oder Technologien hinaus.

Dieses Buch enthält eine Auswahl an Portraits von Menschen, die sich bewusst dafür entschieden haben, etwas zu verändern. Menschen, die Risiken in Kauf nehmen, um Neues zu probieren.

Alexander Osterwalder

INNOVATION STUNTMEN.
DIE NEUEN HELDEN.

Wer das Neue in die Welt tragen will, braucht dafür ein Arsenal an Sicherheitsvorkehrungen. Denn das Neue ist gefährlich. Es stellt Bestehendes infrage, unsere Gewohnheiten, das Geschäft, den ganzen lieben Alltag. Wer es trotzdem wagt, wird zum Innovation Stuntman, zu einem, der nicht nur das Gewohnte aufs Spiel setzt, sondern auch sein Geld und häufig auch seinen Ruf. So entstehen die Helden von heute. Sprung um Sprung werfen sie sich über unerforschten Gefilden ab, landen auf der Nase, springen wieder, und erst wenn die Vita voller Narben ist, betreten sie unter Applaus die Bühne.

Dieses Buch erzählt die Geschichte einer ganz besonders verwegenen Gruppe von Innovation Stuntmen. Sie widmen ihr Leben einer seltenen und gefährlichen Ausprägung des Neuen. Damit zwingen sie uns, unseren eigenen unscharfen Begriff von Innovation zu überprüfen, ihn einer Testsituation zu unterziehen. Mit dem Ziel, herauszufinden, was das Neue zur Innovation macht und wo es im Unterschied dazu nur eine Bequemlichkeit ist.

Das Feld der Innovationen ist für die Liebhaber des Status quo da am gefährlichsten, wo in der Folge Macht neu verteilt wird. Wenn Innovationen Menschen helfen, ihre Talente besser einzusetzen und bestehende Verhältnisse neu zu definieren. Wenn es um mehr geht als nur die technische Weiterentwicklung eines neuen Hinterachsquerlenkers.

Ein gutes Beispiel dafür ist Yaw Anokwas Open Data Kit, das den Einwohnern der afrikanischen Savanne zum ersten Mal die Möglichkeit gibt, die Probleme der eigenen Krankenerhebung selbst in die Hand zu nehmen. Anokwas Entwicklung verstärkt menschliche Talente wie die Fähigkeiten zur Analyse und Organisation sowie zu komplexer Kommunikation. Alles wesentliche Aspekte unserer Natur, die Anokwa mit seiner Arbeit zum Schwingen bringt.

Dieses Buch stellt neun Innovation Stuntmen vor, die sich unter anderem mit den Themen Architektur, Design, Kunst, Robotik und Lehre befassen. Sogar Gamedesign hat darin einen Platz gefunden, eröffnet es doch ein neues, interaktives Feld für die Künstler der Zukunft. Wer sich mit der Arbeit dieser außergewöhnlichen Menschen befasst, reist dabei nicht nur durch die nahe Zukunft, sondern auch durch das Universum an Talenten, das in uns steckt. Die Autoren wünschen viel Spaß damit!

ARTHUR POTTS DAWSON

WIE EIN STARKOCH DAS PRINZIP
KONSUM NEU ERFINDET. UND DAMIT VIELEN
MENSCHEN SINN STIFTET.

DIE COMMUNITY.
DAS UNTERNEHMEN DES
21. JAHRHUNDERTS.

Auf die Frage, wie ein guter Unternehmer aussieht, zaubert jedes Zeitalter eine passende Figur aus dem Zylinder. Anfang des 20. Jahrhunderts kommt sie als bösartiger Mann mit Hut und Schnauzbart daher, der aus seinen Angestellten auch noch den letzten Tropfen Schweiß herauspresst. In den 70er-Jahren wird daraus ein grau melierter und nadelgestreifter Leistungsträger, der auf den Titelseiten der Wirtschaftsmagazine mit seinem Aktenkoffer locker über die Hürden einer Wettkampfbahn hüpft. Kaum 20 Jahre später verpuppt er sich abermals und überrascht die Welt mit Dotcom-Fantasien in Jeans und T-Shirt.

Doch was ist der Unternehmer der Zukunft? Wie haben wir uns den Entrepreneur der nächsten 100 Jahre vorzustellen? Aus welchem Holz ist er geschnitzt, dieser einst von Joseph Schumpeter als eine Art Krone der marktwirtschaftlichen Schöpfung erdachte Macher, der in einem Akt »kreativer Zerstörung« das Alte hinter sich lässt sowie das Hier und Jetzt mit einem Arsenal disruptiver Innovationen erschüttert?

Denn so sehr sich auch die Formen im Laufe der Jahrzehnte gewandelt haben, so sehr ist das Prinzip des Unternehmers doch an das Dogma der Profitmaximierung geknüpft. Ganz egal, ob die Vorgaben durch Shareholder oder das Ego definiert werden. Ganz egal, ob man in Anzügen von Brioni oder Adiletten auftritt. Der Unternehmer ist immer noch vor allem fleischgewordenes Profitcenter.

Das liegt nicht zuletzt daran, dass er als Beweger in einem gesellschaftlichen Umfeld agiert, das dieses Prinzip nicht rundheraus infrage stellt. Aber je häufiger das Prinzip Leistung an seine Grenzen stößt, je tiefer das Vertrauen in kapitalmarktgetriebene Mechanismen sinkt und je weniger attraktiv die klassischen Belohnungssysteme um Jahresgehalt, Firmenauto und anhängendem Privilegien-Schnickschnack werden, desto dringender wird der Ruf nach Bewegern, die anderen Maximen verpflichtet sind.

Für die großen Aufgaben des 21. Jahrhunderts, so die These, sind Unternehmerpersönlichkeiten gefragt, die unabhängig von althergebrachten oder überholten äußeren Zielen handeln.

Einer, der damit noch nicht am Ende ist, aber bereits eine beträchtliche Wegstrecke zurückgelegt hat, ist der englische Starkoch und Unternehmer Arthur Potts Dawson. Er hat für sich nicht nur die Rolle des Unternehmers neu definiert, sondern im selben Zug auch die Form des Unternehmens. Für ihn ist es die Community.

MIT DEM KOCHLÖFFEL IN DIE ZUKUNFT.

Nach außen hin ist Arthur Potts Dawson ein Entrepreneur, wie ihn sich die Redakteure der Wirtschaftsmagazine attraktiver nicht wünschen können. Der erfolgreiche Restaurant-Unternehmer hat bei Jamie Oliver gelernt, gilt als Starkoch, ist klug, schnell, jung und gut aussehend. Er ist geübt in asiatischen Kampfsportarten, ein hingebungsvoller Vater, einer, der sich für seine Mitarbeiter aufopfert wie kein anderer. Und wenn er spricht, entfaltet er mehr Überzeugungskraft, als von mancher Kanzel ausgeht, denn sein Handeln basiert auf einer tief empfundenen, in vielen Jahren gereiften Überzeugung. So steckt er viele seiner Kollegen in die Tasche, ohne einen einzigen Topf in die Hand genommen zu haben.

Und tatsächlich wäre er ein lupenreiner Entrepreneur, hätte er nicht einen entscheidenden Makel, der ihn in der Kaste der Unternehmer zum Aussätzigen macht. Potts Dawson geht es nämlich nicht um die Maximierung seiner unternehmerischen Gewinne. Er ist an einer ganz anderen Währung interessiert, die in Zukunft für viele Unternehmen immer wichtiger werden wird. Es geht ihm um die Gemeinschaft. Für die Umsetzung seiner anspruchsvollen Ziele reaktiviert er eine der ältesten wirtschaftlichen Konstruktionen der Geschichte: die Kooperative.

IT'S A CO-OP COME AND JOIN!

Potts Dawsons Kampfruf: »It's a co-op come and join!« Seine Idee: Wer eine Gesellschaft verändern will, muss an der Basis anfangen. Und zwar beim Essen.

Der Unternehmergeschichte ging eine Eingebung voraus, die sich im Anschluss an die Geburt seines Sohnes zugetragen hatte. Als gelernter Koch ließ Potts Dawson es sich nicht nehmen, dem Neuankömmling selbst gemachten Süßkartoffelbrei zuzubereiten. Aber es war nicht das Füttern, das den Erkenntnisprozess in Gang setzte, denn das macht der britische Koch Tag für Tag mit Hunderten von Gästen. Es war das Erlebnis, dass am unteren Ende auch wieder was rauskommt. Und damit die Erkenntnis, dass man, wenn man seine Sache ernst nimmt, diese Sache auch zu Ende denken muss. Eine durchaus alltägliche Eingebung, die jedoch einen weitreichenden Denkprozess in Gang setzte: »Weil man mit der Scheiße nichts zu tun haben wollte, wurde sie im viktorianischen Zeitalter einfach weggespült. Dabei steckt viel Gutes darin, zum Beispiel Phosphat oder Brennwerte, also Energie. Und darum geht es mir im Grunde. Alles, worüber wir reden, bezieht von irgendwoher Energie. Die Energie der Sonne geht in die Pflanzen über. Somit wächst diese Energie dann wiederum aus dem Erdboden. Um Weizen herzustellen, braucht man genauso Energie wie für seinen Transport, das Backen, den Konsum, ja sogar das Wegwerfen erfordert Energie. Alles ist Energie. Wenn wir diesen Kreislauf unterbrechen, machen wir daraus eine Sackgasse. Aber der Planet ist nicht als Einbahnstraße angelegt, sondern als Kreislauf. Deshalb ist meine Idee, den Kreislauf wieder zu schließen und unsere Nahrungssysteme wieder ins Gleichgewicht zu bringen.«

Dieser Urknall begründete das Universum, in dem die Unternehmen von Arthur Potts Dawson von nun an leben würden. Mit seinen Kollegen David Barry und Kate Bull gründete er nach einer Reihe ökologischer Restaurants den »People's Supermarket«.

Dieser Supermarkt ist der Dreh- und Angelpunkt für Potts Dawsons ebenso unternehmerisches wie politisch-gesellschaftliches Handeln. Der junge Koch will den Landsleuten gutes Essen auf den Tisch bringen und muss die Dinge dafür nachhaltig ändern. Potts Dawson hatte als Betreiber seiner eigenen Restaurants tiefen Einblick in die ökonomischen Hintergründe der Nahrungsmittelindustrie und ihrer sozialen Implikationen. Wenn man ihn nach der Grundidee für sein Unternehmen fragt, antwortet er: »Die Idee ist, dass mich die bourgeoise Mittelklasse ankotzt, die sich zurücklehnt und glücklich schätzen kann, Hühnchen für 15 Pfund und Brot für 4 Pfund 40 zu kaufen.«

Gesundes Essen aus der Umgebung. Der Ursprung des People's Supermarket.

Der People's Supermarket ist kein Treffpunkt für figurbesorgte Edel-Ökos, sondern ein Laden von jedermann für jedermann.

Darin sieht Potts Dawson ein Symptom für ein tiefer liegendes Problem. Denn obwohl diese Einkommensschicht in England nur einen Bruchteil ausmacht, diktiert sie die Ernährungsweise des ganzen Landes. Damit überlassen die Reichen die Armen der Gier der Supermarktketten. In Großbritannien werden drei Viertel des Marktes von den vier großen Ketten, Asda, Morrisons, Sainsbury's und Tesco, dominiert. Eine Situation, die man so oder ähnlich in vielen europäischen Staaten findet.

Viele der Restaurant-Zulieferer, mit denen Potts Dawson eng zusammenarbeitete, klagten bitterlich über ihre Schwierigkeiten, Waren beim ungünstigen Wechselkurs des Euro innerhalb der Eurozone an den Mann zu bringen. Supermärkte lehnten ihr Obst und Gemüse ab und zerstörten damit Betriebe, die seit vielen Generationen als Familienunternehmen geführt wurden. Potts Dawson bekam diesen Verfall aus erster Hand mit.

Für ihn geht es dabei nicht nur um den Bankrott kleiner Unternehmen, sondern um den unwiederbringlichen Verlust essenzieller Informationen. Denn sein Interesse gilt der Weitergabe von Wissen über Nahrung über mehrere Generationen hinweg. Wenn dieses Wissen verschwindet, so Potts Dawson, werden wir eines Tages nicht mehr in der Lage sein, uns selbst zu ernähren.

»Deswegen wollte ich mich mit den Leuten direkt treffen, ihnen erklären, was wir hier machen, und mit ihnen eigene Handelsketten aufbauen, die von ländlichen Gegenden bis in die Stadt reichen.« Potts Dawson wollte die Konsumenten seines Marktes von Anfang an zu emanzipierten Spezialisten machen. »The People's Supermarket« funktioniert deshalb als eine Art Genossenschaftsmodell: Für 25 britische Pfund kann man Mitglied werden, erhält 10 Prozent Rabatt auf seine Einkäufe, verpflichtet sich aber auch, vier Stunden im Monat unbezahlt im Markt zu arbeiten. Dafür kann jedes Mitglied mitbestimmen, was verkauft werden soll und wie der Laden sich entwickelt.

Neben dem historischen Vorbild der Kooperative soll an dieser Stelle auch die Park Slope Food Coop in Brooklyn, New York, erwähnt werden. Mit ihren mehr als 15.000 Mitgliedern ist sie die Grande Dame einer Bewegung, in deren Tradition auch der People's Supermarket steht. Dafür, dass ihre Mitglieder einmal im Monat aktiv werden, erhalten sie Rabatte zwischen 20 und 40 Prozent auf Gemüse. In Anbetracht seiner Dimensionen kann man dem Modell der Kooperative daher eine wichtige kaufmännische Qualität attestieren: Es ist skalierbar.

Die Idee ist also nicht neu. Aber wie immer geht es um die Frage, was sie im Kontext bewirkt. Und da funktioniert der People's Supermarket anders als der Rest der Konsumlandschaft.

Durch die Initiative von Potts Dawson werden viele regionale Familienunternehmen gestärkt.

Seine Geschichte begann in Potts Dawsons Nachbarschaft. Kein klassisches Reichenviertel und auch ohne die für solche Vorhaben obligate Schicht alternativer Hedonisten. Gut für einen, der es ernst meint, aber ebenso schwierig, denn mit Heiler-Welt-Romantik allein kommt man in solchen Umgebungen nicht weit. Die Argumentation des Supermarktes gründete also nicht auf esoterischen Heilsversprechen, sondern auf kaufmännischen Vorteilen. Sie begann mit dem Versprechen, dass die Produkte günstiger seien, wenn man selbst Besitzer des Supermarktes wäre. Auf dieser Basis gewann Potts Dawson die ersten 25 bis 30 Eigentümer der neuen Kooperative, hauptsächlich Rentner. Nicht gerade glamourös. Aber ein Anfang.

DIE COMMUNITY ALS BATTERIE.

Mit den ersten Teilhabern entstand auch zum ersten Mal das Gefühl einer aufkeimenden Community. Zunächst waren es nur einige wenige Anhänger, die Potts Dawsons neue Idee miteinander teilten. Aber Grund genug für den leidenschaftlichen Unternehmer, sein Schicksal selbst in die Hand zu nehmen. Er klopfte in seiner eigenen Nachbarschaft an Tausende Türen, verteilte Flugblätter, die erklärten, was der Zweck des neuen Ladens war. Man erklärte ihn für verrückt, nahm ihm den Gemeinsinn nicht ab. Er erklärte den potenziellen Teilhabern der Kommune, dass sie in Zukunft alles, was sie bräuchten, in ihrem eigenen Laden kaufen könnten. Aber die Antwort war fast immer dieselbe: Die Leute wollten lieber in den gewohnten Supermarkt um die Ecke gehen. Er argumentierte mit den günstigeren Preisen – wieder wollten die Leute lieber in ihren alten Supermarkt um die Ecke gehen. Eine frustrierende Erfahrung, die er sich heute so erklärt: »Wir sind nicht darauf programmiert, uns als Gruppe zusammenzuschließen, um das Schicksal selbst in die Hand zu nehmen. Wir denken immer, dass irgendwer sich schon um uns kümmern wird.«

In diesem Fall war es Potts Dawson, der sich kümmerte. Und als er irgendwann, trotz fehlender Unterstützer seiner Idee, ein Ladenlokal fand, das ihm passend erschien, steckte er 11.000 Pfund in die Renovierung. Er erneuerte Wände und Beleuchtung, besserte den Boden aus. Noch heute versprüht der Laden trotz hübschen Grafikdesigns eher den Charme einer Schulbücherei. Aber die Aktivitäten hatten noch einen anderen Effekt, denn sie blieben den Anwohnern nicht verborgen. Nach und nach steckten Leute die Köpfe herein und wollten wissen, was der junge Mann da so trieb. Immer wieder erklärte er ihnen sein Konzept der Teilhabe. »Es ist unglaublich, wie unsicher die Leute wurden, als sie begriffen, dass es bei der Sache keinen Chef im

Statt des Diktats von Großkonzernen regiert im People's Supermarket die Basisdemokratie. Die Kunden bestimmen selbst, was in die Regale kommt.

Was am Anfang eine echte Hürde für den People's Supermarket war, wurde im Laufe der Zeit sein größter Vorteil: die Community.

klassischen Sinne gibt. Aber andererseits gefiel ihnen die Idee, dass sie sich selbst verwirklichen konnten.«

In dieser Selbstverwirklichung sieht Potts Dawson eine wichtige Motivation für die Besitzer der Kooperative. Für viele war es eine echte Offenbarung, Teilhaber eines eigenen Geschäfts zu sein, selbst zu entscheiden, wie und wo man was ankauft, um das Ganze dann im Kreise der Freunde und Verwandten zu verkaufen. Ganz langsam wuchs die Community dann organisch aus sich selbst heraus. Von 20 auf 40 und dann auf 200 Teilhaber. Die Mitglieder wendeten sich selbstständig auch an kleinere Produzenten, kauften dort Gurken und Tomaten ein, begriffen langsam, worin der Sinn des Ganzen bestand.

»Menschen haben das Bedürfnis nach Nähe, nach Austausch. Sonst wird man ein Nobody. Man wird zum Produkt der kapitalistischen Gesellschaft und rauscht durch die Jahrzehnte, ohne es zu merken. Ein Teil der Magie des People's Supermarket besteht darin, der Gesellschaft dieses urmenschliche Element zurückzugeben.« Die erstarkende Community gab dem Supermarkt jedoch nicht nur Kraft von innen. Sie veränderte ihn auch. Ursprünglich hatte Potts Dawson den Supermarkt als rein biologisch orientiertes Unternehmen konzipiert, das Bio-Produkte zu den gleichen Preisen anbot wie herkömmliche Lebensmittel. Als gestaltender Visionär musste sich Potts Dawson erst an die neue demokratische Dynamik gewöhnen, die von der Community ausging.

Die Frage der Bestückung lag nun nicht mehr nur in der Hand einiger weniger, sondern wurde mehr und mehr eine Frage basisdemokratischer Entscheidungen. Auf diesem Feld gab es auch erste Rückschläge für die ursprünglich rein biologische Ausrichtung des Supermarktes. Denn als es darum ging, ein Manifest zu formulieren, stellte sich heraus, dass nur ein verschwindend geringer Anteil der Mitglieder Interesse an Bio-Lebensmitteln hatte.

»Ich war geschockt, denn das hatte Einfluss auf die Frage, wie ich die Lebensmittel würde einkaufen müssen.« Eine Aufgabe, die Potts Dawson in den zwei Jahren zuvor selbst in die Hand genommen hatte.

Für einen anderen wichtigen Punkt konnte er jedoch auch innerhalb der großen, neuen Community eine Mehrheit finden: nämlich für faire Bezahlung der Zulieferer. Dieser Grundsatz wurde also Teil des Manifests. Potts Dawson besuchte die Zulieferer immer wieder persönlich und überzeugte sich davon, dass auch deren Angestellte oder Lohnarbeiter ordentlich bezahlt wurden. Ein harter Kampf, wie er zugibt, und einer, den der People's Supermarket nicht immer gewinnen kann. Heute hat der Laden etwa 20 fest angestellte Mitarbeiter und eine Kooperation mit Spar. Dabei geht es darum, einen Teil der Waren konkurrenzfähig einzukaufen, ohne die Politik der fairen Ent-

Waren, die kurz vor dem Ablauf des Haltbarkeitsdatums stehen, verwandelt der Starkoch in kulinarische Köstlichkeiten. Bei der Konkurrenz landen sie im Müll.

ARTHUR POTTS DAWSON

»DER PLANET IST NICHT ALS SACKGASSE ANGELEGT, SONDERN ALS KREISLAUF.«

lohnung lokaler Zulieferer zu gefährden. In seinen Grundfesten ist sich der People's Supermarket jedoch treu geblieben: »Schon lange geht es nicht nur um das Essen allein. Es geht um die sozialen Interaktionen, um soziale Einbindung, um das Gefühl, Teil von etwas zu sein. Wenn man in die Kirche geht, muss man gläubig sein. Wenn man in eine Bank geht, muss man dort ein Konto haben. Wenn man in einen Tennisclub geht, muss man Tennis spielen. Im Gegensatz dazu brauchen die Menschen im People's Supermarket weder religiöse Gefühle noch Kapital. Sie müssen auch nicht Mitglied irgendeiner Partei sein. Du kannst einfach nur du sein und das ist schon etwas ganz Besonderes!«

Auch wenn sich der gelernte Koch Potts Dawson im Laufe der Zeit mit einigen Kompromissen hat abfinden müssen, so hat er sich im Reich des People's Supermarket dennoch eine Nische gesichert, die den Laden auf ganz neue Weise zu einem Musterbeispiel für nachhaltiges Wirtschaften macht: Lebensmittel, die kurz vor dem Ende der Haltbarkeit stehen, verarbeitet er eigenhändig zu kleinen Delikatessen, die nach der Zubereitung erstens länger haltbar sind und zweitens hohe Preise erzielen. Der People's Supermarket wird dadurch ganz nebenbei überaus rentabel. Denn die Waren, die bei Potts Dawson zu köstlichen Kleinigkeiten wie Spinat-Eis oder wunderbaren Teigtaschen werden, wandern bei der Konkurrenz allesamt in den Mülleimer.

DER UNTERNEHMER ALS SCHÖPFER DER COMMUNITY.

Aus dem ursprünglichen Anliegen, eine Alternative zu den großen Supermärkten anzubieten und den Menschen gesundes Essen auf den Tisch zu bringen, ist im Laufe der Zeit viel mehr geworden: Der People's Supermarket ist ein soziales Experiment. Die Kraft, die dieses Projekt zusammenhält, kommt aus einer Ecke, die von vielen Unternehmen, aber auch von gesellschaftlichen Institutionen über Jahre vernachlässigt wurde. Die Besitzer des People's Supermarket haben nämlich mitunter ganz einfach Freude daran, etwas gemeinsam zu bewegen, und sind auf diese Weise selbst zu Unternehmern geworden.

Das eigentliche Werk von Potts Dawson sind nicht seine Restaurants und auch nicht die Regale oder das kaufmännische Prinzip des People's Supermarket. Sein eigentliches Werk ist die Community, die rund um sein Schaffen entstanden ist. Die Fähigkeit, eine solche Gemeinde um sich zu versammeln, wird eine der wesentlichen Fähigkeiten für Unternehmer des 21. Jahrhunderts sein.

Dabei geht es um mehr als kommunikative Vernetzung. Vor allem geht es um die Frage, ob man an etwas glaubt, dem sich andere anschließen können. Denn das Prinzip Community ist tief im menschlichen Wesen verankert. Als Menschen können wir gar nicht anders, als sozial zu handeln. Die Gruppe wird bei jeder unserer Handlungen mitbedacht, auch wenn wir uns ganz egoistisch gegen sie entscheiden.

Potts Dawson hat das Gefühl, gemeinsam etwas zu verändern, zur Grundlage des People's Supermarket gemacht. Dieser emotionale Kern kann durch nichts erkauft werden. Unternehmen können sich noch so anstrengen, Mitarbeiter durch immer wieder neue Zaubertricks zu motivieren. Wenn das ganze Vorhaben am Ende ausschließlich dazu dient, den Shareholder Value zu maximieren, wird sich um diesen Zweck keine Community gruppieren.

Ganz anders im Falle des People's Supermarket, bei dem es darum ging, die Macht von Einkaufsmonopolen zu brechen und wieder ein Stück Kontrolle über das eigene Leben zu erlangen. Der Unternehmer des 21. Jahrhunderts kann also gar nicht anders, als zu einer modernen Befreierfigur zu werden, die höheren Zielen verpflichtet ist als dem eigenen Unternehmen.

Potts Dawsons Leistung besteht darin, dieses Prinzip auf ein System zu übertragen, das mit den Jahren immer unbarmherziger, immer perfider agierte und dabei langsam allen Beteiligten den Appetit verdarb. Am Ende sogar den Konsumenten. Ausgerechnet jene Menschen, um die sich beim Wettbewerb eigentlich alles drehen sollte, haben in Potts Dawsons Welt einen neuen Platz gefunden. Und mit ihnen auch die Produzenten, die bereits am Abgrund standen. So ist eine Community entstanden, die diese Probleme nicht nur angeht, sondern selbst zur Lösung geworden ist.

Alle Bilder in diesem Kapitel: Haarala Hamilton

»DU KANNST EINFACH NUR
DU SEIN UND DAS IST SCHON
ETWAS GANZ BESONDERES!«

JENOVA CHEN

WIE EIN GAMEDESIGNER NEUE GEFÜHLSRÄUME AUSLOTET. UND DAMIT EIN AUFREGENDES FELD FÜR DIE KUNST ERSCHLIESST.

JENOVA CHEN

DER MARKT DER GEFÜHLE.

Es sind nicht die leuchtenden neuen Laufschuhe von Nike, hinter denen wir her sind, sondern das Gefühl, die ewig gleiche Strecke noch einmal völlig neu zu erlaufen. Teenies kaufen bei ihren Besuchen in der Stadt nicht einfach nur bunten Bubble-Tea, sondern das Gefühl, in einer fremden Umgebung etwas völlig Neues zu erfahren. Und als Familie fahren wir nicht in den Urlaub, weil 30 °C die für alle Mitreisenden angenehmste Temperatur ist, sondern weil in jedem Urlaub die Erinnerung an die Gefühle aller anderen Urlaube enthalten ist.

Gefühle (vor allem die guten) sind das einzige Produkt, hinter dem wir in Wirklichkeit her sind. Dabei markieren die Extreme von Liebe und Macht nur die äußersten Grenzen einer unendlich feinen Klaviatur von Nuancen. Unser Gehirn ist eine Maschine, die unsere physische Außenwelt in eine gefühlsmäßig erlebbare Innenwelt transformiert. Und zwar jede Sekunde unseres Lebens. Selbst das, was uns als Gegenteil von Gefühl erscheint, nämlich die kühle, verlässliche Ratio, ist nur ein Gefühl im Gewand der Sicherheit. Dieser Umstand, da können wir uns noch viele Jahrtausende weiterentwickeln, wird immer Teil des menschlichen Wesens sein. Denn das Gewicht der Gefühle ist seit Urzeiten Teil unseres Bauplans. Und je weiter wir uns durch die Technik vom direkten Erleben des Urmenschen entfernen, der noch barfuß durch die Savanne lief, desto dringender haben wir sie nötig, die Gefühle.

Um diese Tatsache herum sind in den letzten Jahrzehnten ganze Industrien gewachsen. Sie sind größer und mächtiger als alle anderen Industriezweige, die unsere Zivilisation hervorgebracht hat. Ihre Agenda: Gefühle in ihrer reinsten Form zu produzieren.

Die vergangenen zwei Dekaden haben der Gefühlsindustrie eine neue, hoch ansteckende Substanz beschert: Interaktivität. Auf einmal flimmern die Gefühle nicht nur in die eine Richtung – sie flimmern zurück. War der Betrachter vor nur wenigen Jahren seinen Gefühlen noch ohnmächtig in den Sesseln der Kinos ausgeliefert, kann er nun im schummrigen Licht des hochgerüsteten PCs endlich selbst zurückschlagen. Die Game-Industrie ist zur größten Gefühlsmaschinerie der Welt geworden.

Seit ihren Anfängen arbeiten Designer, Techniker und Künstler daher an der Aufgabe, den Spieler immer tiefer in die künstlichen Welten einzubinden. Das dahinterliegende Prinzip nennt sich Immersion und soll noch intensivere Gefühle erzeugen als die Spielegeneration davor. Es ist ein regelrechter Krieg um die Vorherrschaft in der menschlichen Kognition entstanden. Das Problem: Die Industrie hat sich auf die Massenproduktion des immer gleichen Gefühls eingespielt. Ob Action-Kracher oder Konsole. Stets dreht es sich darum, einen mit allen Mitteln des Handwerks perfekt inszenierten Gegner aus dem Weg zu räumen.

NEUES AUS DER EMOTIONSFABRIK.

Ausgerechnet inmitten dieser Apokalypse hat ein winziges Unternehmen einen ganz anderen Weg gewagt. Es geht um ein Game-Studio, das in der Milliardenindustrie der Gefühlsproduktion ein völlig neues Produkt herstellt. Während in den Werken der Konkurrenz fast ausnahmslos gemetzelt und zerstört wird, hat sich das Studio Thatgamecompany auf die Produktion ganz anderer Spiele respektive Gefühle spezialisiert. Sie zeigen der Welt, dass die menschliche Wahrnehmung einen schier unendlichen Reichtum an Gefühlen kennt. Und sie zeigen nicht nur der Spieleindustrie, dass es noch viel zu entdecken gibt im System Mensch.

Die Geschichte des Studios ist die einer typischen Garagenfirma. Sie beginnt mit den zwei Studenten Jenova Chen und Kellee Santiago, die sich an der University of Southern California kennenlernten. Der eine, Chen, kommt aus Shanghai, hat sich im hochkompetitiven Schulsystem seiner Heimat bis an die Spitze der Schülerschaft gekämpft und dann den Sprung über den großen Teich gewagt. Chen programmierte schon während seiner College-Zeit kleine 3D-Abenteuer: Klone berühmter Spiele wie *Legend of Zelda* oder *Diablo*.

Die andere, Santiago, von Kindesbeinen an begeisterte Videospielerin, wuchs in Richmond, Virginia, auf. Ihr Vater, ein Softwareingenieur, ermutigte die kleine Kellee schon früh, mit Computern zu experimentieren, was sie auch ausgiebig tat. Beide, Chen und Santiago, landeten schließlich nach dem College im Game-Programm der University of Southern California, einem frisch eröffneten Nebenzweig der dort verorteten School of Cinematic Arts.

Was Santiago und Chen sofort verband, war die Idee, eine völlig neue Produktkategorie zu entwickeln. Die beiden wollten Werke auf die Beine stellen, die Spieler nicht nur mit frischen Spielprinzipien verblüffen, sondern auch auf neue Art berühren. Dieses Konzept erforderte auch ein kaufmännisches Umdenken, denn die Zielgruppe, nach der man die Fühler ausstreckte, war älter als der spielwütige Teenie, der auf den Schlachtfeldern von *Counterstrike* einen Heldentod nach dem anderen stirbt.

Chen wird metaphorisch, wenn er über sein Geschäft spricht: »Es geht mir in der Unterhaltung darum, das Geheimnis der Gefühle auszukundschaften. Wenn man zum Beispiel hungrig ist, will man etwas essen. Und dann gibt es die ganze Bandbreite von Nahrung, die man zu sich nehmen kann. Abhängig von der Laune will man dann ein unterschiedliches Menü.« Der Begriff Spieleindustrie führt eigentlich auch an der Sache vorbei. Nahrungsmittelindustrie der Gefühle wäre viel treffender. Mit seiner Kollegin Kellee Santiago hat er inzwischen ganz verschiedene Geschmacksrichtungen, sprich Gefühlswelten, erkundet.

Was soll der Spieler fühlen? Welche emotionalen Zustände können wir ausloten? Welche Emotionen wurden von anderen bisher links liegen gelassen? Das sind die Ausgangs- und Leitfragen, die sich Chen und Santiago mit jedem Spiel neu stellen. Die unterschiedlichen Antworten bilden den Kern für alle weiteren Entwicklungsarbeiten. Dabei entstehen Erlebnisse, die mit keinem der Konkurrenzprodukte vergleichbar sind. Mehr noch, sie sind mit keinem anderen Produkt vergleichbar, das in irgendeiner Fabrik auf der Welt hergestellt wird. Sie weisen in eine völlig neue Richtung für die Art und Weise, wie wir in Zukunft Dinge produzieren könnten.

»Das Ausleben von Allmachtsfantasien ist das Thema der meisten Konsolenspiele in den letzten zehn Jahren gewesen. Das ist ein Gefühl, das vor allem Jugendliche mögen, weil sie im Alltag noch keine Macht besitzen«, erklärt Chen. Ihm war klar, dass dies nicht der richtige Weg ist, wollte man das emotionale Spektrum eines Erwachsenen ansprechen. Aus den Teenies, die einst Hüpf- und Ballerspielen frönten, sind mittlerweile Eltern geworden. Videospiele haben deshalb denselben Reifungsprozess noch vor sich, den andere Medien wie das Fernsehen schon beschritten haben. Inzwischen produzieren die großen Filmstudios zahlreiche Fernsehserien, die auf die Gefühlswelt der Erwachsenen

Unter den Fans ist Cloud *als »Kindheitstraumsimulator« bekannt. In dem Spiel hebt der Spieler ab, um das Wetter mit Wolken zu manipulieren.*

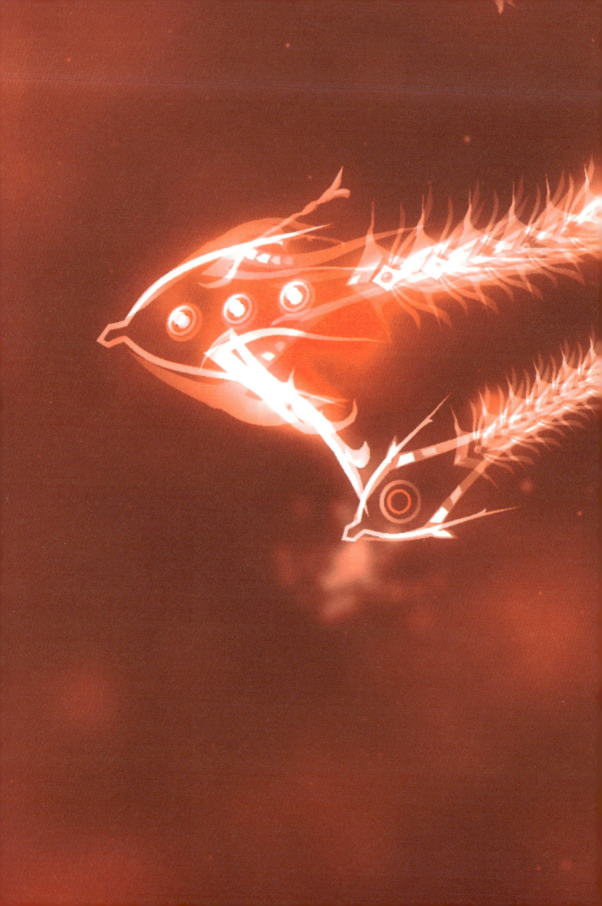

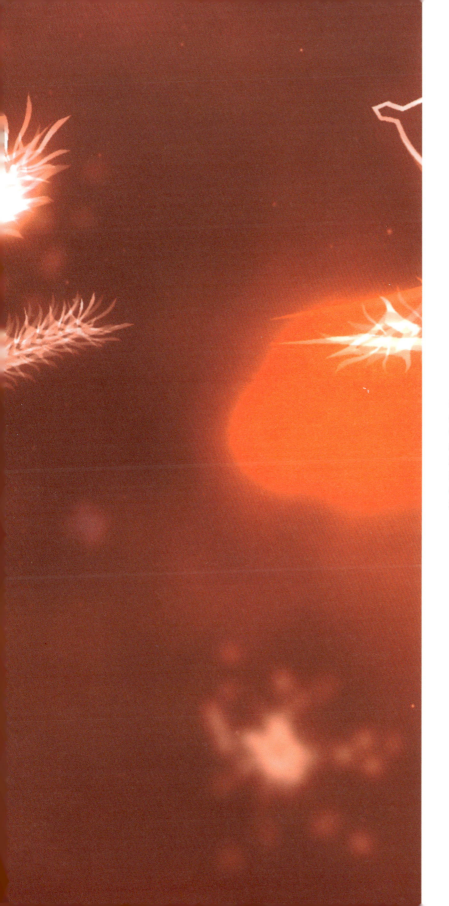

flOw ist von der Arbeit des Psychologen Mihaly Csikszentmihalyi zum sogenannten Flow-Zustand inspiriert. Das Ergebnis ist ein Spiel, das einen hypnotischen Sog entfaltet.

In *Flower* steuert der Spieler keinen Superhelden, sondern eine Windbö, die aus kargen Landschaften blühende Wiesen macht.

justiert sind. Von den *Sopranos* über *Deadwood* bis hin zu *Lost*. Dort liegt ein großer Markt, den in der Spielebranche kaum jemand bedient.

DREI SPIELE, DREI GEFÜHLSWELTEN.

In einer studentischen Projektgruppe entwickelten Chen und Santiago zunächst *Cloud*, ein Spiel, das sich um einen der archetypischen Wünsche der Menschheit dreht, nämlich abzuheben und davonzufliegen. 90 bis 120 Minuten, nicht länger, sollte der Spieler benötigen, um zum Spielende zu gelangen. Die Länge eines Kinoabends also, denn mehr ist für die angepeilte Zielgruppe ohnehin nicht drin. Und mehr braucht es auch nicht, um eine möglichst intensive emotionale Erfahrung für den Spieler bereitzustellen, so der Grundgedanke der beiden. Das fertige Spiel fiel so anders aus, dass es auf Anhieb Achtungserfolge erzielte. *Cloud* verzeichnete nach drei Monaten stolze 50.000 Downloads.

Chen und Santiago saßen da schon am nächsten Projekt. Damals ließ sich der Mann aus Shanghai von der Arbeit des Psychologen Mihaly Csikszentmihalyi faszinieren. Csikszentmihalyi befasste sich mit einem Zustand völliger Vertiefung, dem nahezu restlosen Aufgehen in einer Tätigkeit, den er Flow-Zustand nannte. Grundvoraussetzung für dieses Flow-Erlebnis: die Passung von Anforderungen und den eigenen Fähigkeiten. Ließe sich diese Prämisse vielleicht auf die Welt des Spiels übertragen?

Der junge Gamedesigner sah darin den idealen Hebel, um Spiele einem breiteren Publikum zugänglich zu machen. Denn entweder frustrierten sie den Anfänger durch einen zu hohen Schwierigkeitsgrad oder sie unterforderten den Profi durch zu geringe Herausforderungen. Trotz möglicher Verkaufserfolge blieb so die Anzahl der Käufer unter dem eigentlichen Potenzial eines Titels. Chen konzipierte ein Spiel, das sich quasi automatisch in der goldenen Mitte zwischen Stress (zu viel Stimulation) und Langeweile (zu wenig Stimulation) austariert. Dazu muss sich der Schwierigkeitsgrad den individuellen Fähigkeiten des Spielers stufenlos anpassen.

Chen und Santiago entschieden sich dafür, das Konzept umzusetzen. Bei *flOw* besteht die Aufgabe des Spielers darin, die Evolution eines Mikroorganismus voranzutreiben. In der Praxis entfaltet das Spiel einen hypnotischen Sog, dem sich auch Spielemuffel kaum entziehen können.

Die beiden Spieleentwickler banden sich schließlich für drei Spiele exklusiv an den Elektronikriesen Sony. Wobei man unter eigener Flagge arbeiten wollte: Das war die Geburtsstunde von Thatgamecom-

Statt wie das Gros der Konkurrenz auf die Kanalisierung von Aggressionen zu setzen, versetzt Flower *seine Spieler in einen Dopaminrausch.*

pany. Als ersten Titel überarbeitete das Studio *flOw* für die Playstation 3. Und obgleich schon als Gratisspiel für den PC veröffentlicht, ging es noch weitere 700.000 Mal über die digitale Ladentheke.

Ihr drittes Spiel, *Flower*, brachte Thatgamecompany auf einen Schlag weltweiten Ruhm ein. In *Flower* ging es Chen darum, die Stimmung einzufangen, die aufkommt, wenn man über eine Blumenwiese streunt. Wobei der Spieler nicht einen wie auch immer gearteten Helden durch die Spiel-Level steuert, sondern eine Windbö. Ziel des Spiels ist, die unterschiedlichsten Terrains in blühende Landschaften zu verwandeln. Das Besondere dabei: Kein Gegner behindert den Spieler, kein Zeitlimit sitzt ihm im Nacken. Dopamin statt Adrenalin, so könnte man vor dem Hintergrund sagen, dass die meisten Spiele es zwar schaffen, den Spieler auf 180 zu bringen, aber kaum das Gegenteil vermögen.

EIN SOZIALES NETZWERK FÜR ZWEI.

Das aktuelle Spiel *Journey* gilt bereits jetzt als absolutes Meisterwerk, in Rang und Namen vergleichbar mit Filmen wie *Casablanca* oder *Panzerkreuzer Potemkin*. Dabei ist das Spiel nicht nur ein Kritikerliebling, sondern ist auch unter kommerziellen Gesichtspunkten so erfolgreich, dass es jeden Verkaufsrekord des Playstation Networks bricht. Mit *Journey* hat das Studio einen gänzlich neuen Gedanken gewagt: Können zwei wildfremde Menschen für die Dauer eines Online-Spiels ein starkes emotionales Band knüpfen?

»Im Kern des Spiels geht es um eine soziale Erfahrung. Es will Menschen wirklich zusammenschweißen, ein Vertrauensverhältnis zwischen zwei Menschen herstellen. Ich wollte die Perspektive verändern, wie die Gesellschaft auf Online-Spiele schaut, und eine neue Antwort auf die Frage finden, was sie sein können. Wenn man heute an die riesigen Online-Spiele denkt, bekommt man sofort das Gefühl, dass man mit einem Arschloch spielt, das auf der anderen Seite unflätig ins Mikro brüllt. Die meisten Leute wollen nicht mit Fremden spielen, sie wollen nicht mit ihnen sprechen, sie wollen nicht ihre Stimme hören, weil sie sie für Arschlöcher halten. Doch ich glaube, das ist eigentlich nicht der Fall, weil jeder Mensch eine nette, schöne Seite hat. Ich wollte ein Spiel schaffen, das diese Seite der Menschheit zeigt«, erklärt Chen.

Das Studio tüftelte insgesamt drei Jahre an dem Werk, das offenbar genau das hinbekommt. Dabei merkt man *Journey* zunächst gar nicht an, dass es für mehrere Spieler ausgelegt ist. Das Spiel beginnt mitten im Nichts: einer Wüste, in der eine schier unendliche Anzahl Sanddünen zum Horizont mäandern. In weiter Ferne türmt

Journey gilt als Meisterwerk des noch jungen Studios. Der Erfolg ist der Tatsache geschuldet, dass bei der Entwicklung des Spiels zahlreiche neue Spielprinzipien getestet wurden.

Im Kern des Spiels verbirgt sich eine soziale Erfahrung: Weltweit werden Spieler per Zufallsgenerator zusammengewürfelt, der Beginn eines Abenteuers und eines freundschaftlichen Bandes.

Journey hält unzählige Mysterien für seine Spieler bereit. Unter anderem die Ruinen einer untergegangenen Zivilisation.

Das Spiel ist durchaus als Allegorie auf das Leben zu verstehen. Es erzählt von der Überwindung der Schwerkraft am Anfang und dem Verlust aller Kräfte am Ende der Reise.

DER MARKT DER GEFÜHLE.

sich ein Berg mit einem geheimnisvollen Leuchtfeuer auf. In Ermangelung anderer Orientierungspunkte ahnt man nur, dass man seine Spielfigur, eine nicht menschliche, geschlechtslose Gestalt in einem bordeauxroten Cape, offenbar an diesen Ort steuern muss. Auf dem Weg dort hin erkundet man mysteriöse Ruinen, deren Hieroglyphen eine Geschichte erzählen, die das Aufblühen und den Untergang einer Zivilisation umfasst. Die Überraschung ist groß, wenn aus dem Nichts plötzlich eine andere Figur auftaucht.

Ein Zufallsgenerator bringt den Spieler mit einem beliebigen anderen PS3-Besitzer zusammen. Wer hinter der anderen Figur steckt, erfährt man nicht. Es könnte sich um den Papst, aber auch Lieschen Müller von nebenan handeln. Auch von den spielüblichen Pseudonymen wie catlove2001 oder bee13 bleibt der Spieler verschont. Erst im Abspann wird er darüber aufgeklärt, mit wem er eigentlich auf die Reise gegangen ist. »Mein Ziel war, eine Welt zu erschaffen, in der niemand seine Identität mit sich trägt. Ich wollte einen Raum erschaffen, in dem wir alle gleich sind. Es gibt dort keinen Besitz. Es gibt keine Definition von Klasse. Der Trick ist, dass die Leute ganz ohne Vorurteile aufeinandertreffen«, erklärt Chen.

Schlussendlich geht es in Journey um die »letzten Dinge«: Sinnsuche, Hingabe und Erlösung.

Er hat noch eine ganze Reihe solcher Tricks auf Lager. Zum Beispiel gibt es keine Möglichkeit, sich mit dem Mitspieler durch Sprache zu verständigen. Dahinter steckt die Erfahrung, dass uns Sprache zwar verbinden, aber auch genauso gut trennen kann. Man muss hier gar nicht erst die unterschiedlichen Landessprachen bemühen. Selbst Milieuunterschiede können das freundschaftliche Band zerstören, bevor es überhaupt geknüpft wurde. Die einzige Möglichkeit, sich in *Journey* zu artikulieren, ist deshalb eine Art Ruf, ein freundlicher Urschrei, der sich in Länge und Frequenz modulieren lässt. »Ich Tarzan – du Jane« ist dagegen eine komplexe grammatikalische Angelegenheit.

Wer *Journey* gespielt hat, weiß, dass das Konzept tatsächlich aufgeht. Das Spiel verbindet zwei Menschen über Kontinente, Meere und Länder hinweg, verschmilzt zwei Wohnzimmer zu einem intimen Raum, in dem sich ein gemeinsames Abenteuer entspinnt. Und das hätte nicht archetypischer ausfallen können: Dreht sich die Geschichte doch um Sinnsuche, Hingabe und Erlösung, berührt also das Ursächliche im Menschen, jenseits kultureller und nationaler Grenzen.

»Ich wollte mit einer Art kulturlosem Inhalt arbeiten – also Dinge erzählen, die universell ansprechen. Im Grunde mache ich das in all meinen Spielen: von *Cloud* über *flOw* und *Flower* bis hin zu *Journey*. Das Thema ist immer die Frage nach dem Menschen.« Chen schlägt dabei in eine ähnliche Kerbe, wie es etwa die großen Animationsstudios wie Ghibli oder Pixar tun. Sie behandeln universelle Inhalte wie

55

JENOVA CHEN

»IM KERN DES SPIELS GEHT ES IMMER UM EINE SOZIALE ERFAHRUNG.«

Familienwerte, Frieden, Freiheit, Liebe, Natur, all die Themen, die einen berühren, ganz gleich, in welchem Land man lebt.

Das Echo auf *Journey* ist jedenfalls gewaltig. Inzwischen gibt es Foren, in denen sich Spieler austauschen, die sich im Spiel gefunden haben, und ganze Listen, in denen Spieler ihre Mitspieler um Verzeihung bitten, weil sie sich auf dem Weg zum Spielende verloren haben. Und dieses Spielende hat es in sich. »Meine Augen sind jetzt noch gerötet«, spricht ein Spielekritiker mit gebrochen-heiserer Stimme in die Webkamera. »Ich habe geweint« ist der Satz, den man am häufigsten in den einschlägigen Game-Foren liest. Überall auf der Welt berichten Menschen von einem einzigartig karthartischen Erlebnis, nachdem sie das Videospiel gespielt haben. Ein Videospiel, das anrührt wie eine Symphonie von Beethoven? Genauso ist es.

DAS SPIEL ALS RESONANZRAUM DER SEELE.

Die klassischen Erzählformen hatten ganze Jahrhunderte, um zu ihrem heutigen Formenreichtum zu finden, dem wir in prachtvollen Bauten, zu besonderen Anlässen oder während unserer Zeit in der Oberstufe huldigten. Ihre Wirkungsgeschichte ist hier dramatisch, dort malerisch, manchmal skandalös. Dagegen befinden sich die digitalen Medien noch in der Pubertät.

Auf dem Markt der Gefühle reklamieren sie bislang nur einen vergleichsweise winzigen Ausschnitt für sich. Doch Künstler wie Jenova Chen beweisen, dass sich das Medium weiterentwickeln wird. *Journey* lässt erahnen, dass hinter der kunterbunten Fassade des digitalen Zeitalters ein Kosmos liegt, der unserem kognitiven Apparat ganz andere Erfahrungen liefern wird. »Videospiele haben es bisher nicht geschafft, ein Gefühl wie Liebe zu stimulieren. Sie können zwar Spaß machen, aber sie sind im Moment mehr so etwas wie Schattenspiele: Sie erreichen nicht das Äußerste, keine Ekstase, nicht die tieferen Gefühlsschichten. Im Grunde sind Videospiel-Emotionen noch sehr rudimentär ausgebildet, weil das Spiel ein relativ junges Medium ist.«

Die Auslotung dieses neuen Mediums kann selbst zu einer der großen Storys der Kultur werden, denn obwohl wir damit noch ganz am Anfang stehen, ist bereits jetzt ersichtlich, dass die Möglichkeiten dieser neuen Sphäre ein schier grenzenloses Land beschreiben. Seine Erforschung wird in viele Richtungen gehen. Dazu gehört die Erweiterung des emotionalen Spektrums, wie Chen es vormacht. Aber in anderen Richtungen wartet Ungeahntes auf uns. Das Prinzip der Interaktivität wird uns neben neuen, nicht linearen Erzählformen auch immer tiefer in die Werke der digitalen Künstler einbinden. Noch sind wir gewohnt, ein Kunstwerk klar von dem ihn umgebenden Raum zu trennen. Was, wenn diese Grenzen verwischen? Was, wenn die Einbindung des Rezipienten so intensiv wird, dass sie etwa von einem Traum kaum mehr zu unterscheiden ist?

Ein dritter Vektor weist schließlich aus dem virtuellen Raum hinaus in das wirkliche Leben. Denn die Anwendungen bleiben, anders als klassische Erzählformen wie Oper und Theater, nicht auf eine abstrakte Bühne beschränkt. Schon heute werden Videospiele eingesetzt, um Jugendliche, die an mittelschweren Formen von Depression erkrankt sind und sich völlig zurückgezogen haben, zu heilen. In Altenheimen auf der ganzen Welt stehen Konsolen von Nintendo, auf denen die Bewohner virtuell kegeln. Dabei erleben sie eine Freude, die ihnen der andere Teil ihres Lebens vorenthält. Spiele, so die These, werden überall sein. Und sie werden die unterschiedlichen Facetten des Lebens hervorheben, dramatisieren und verstärken. Wir beginnen gerade erst, die virtuellen Räume als Resonanzkörper der Seele zu entdecken. Erste Ansätze kann man jederzeit am eigenen Leib erfahren.

»VIDEOSPIELE HABEN ES BISHER NICHT GESCHAFFT, EIN GEFÜHL WIE LIEBE ZU STIMULIEREN.«

FRANCIS KÉRÉ

WIE EIN ARCHITEKT IN AFRIKA EINE NEUE
BAUKULTUR ENTWICKELT, DIE ZUM VORBILD FÜR
DEN REST DER WELT WERDEN KANN.

FRANCIS KÉRÉ

DIE NEUE WELT.

DIE NEUE WELT.

Afrika stellt die größte Aufgabe für das 21. Jahrhundert dar. Wenn auf der Welt Raum ist für Neues, dann hier. Der Kontinent war schon immer weit mehr als nur die verlassene Wiege der Menschheit. Jahrhunderte diente er als Projektionsfläche für Feldherren, Politiker oder Künstler. Meist ohne Effekt. Feldzüge verliefen im Sande, Entwicklungshilfe versickerte in Brunnen, Kunst blieb brotlos. Die große Aufgabe Afrika ist bislang ungelöst.

In den vergangenen zehn Jahren hat sich jedoch viel auf dem Kontinent bewegt, da er für den Rest der Welt immer wichtiger wird. Globale Prozesse rücken ihn einmal mehr auf die Landkarte der Politik und großer Unternehmen. Es geht um Bodenschätze, um dringend benötigte Rohstoffe für Massenprodukte. So entstehen nach und nach Arbeitsplätze, Strukturen, eine in Teilen bereits gut funktionierende Wirtschaft. Aber: das alles selbstverständlich nur nach den Bedingungen der Investoren. So hat der Aufstieg aus dem Elend auch in Vietnam und Indien begonnen. Und so beginnt auch eine kulturelle Gleichmacherei, deren einzige Vision darin besteht, dass man in Boston und Kinshasa den gleichen Caffè Latte trinken kann.

Einer, der ganz konsequent einen völlig anderen Weg geht, ist der Architekt Francis Kéré. In seinem Schaffen wird deutlich, dass Afrika mehr ist als seine Bodenschätze, die Folklore und der Mangel an

Infrastruktur. Er zeigt uns, dass der eigentliche Schatz dieses riesigen Kontinents seine Menschen sind. Sie sind begabt, kreativ und voller Energie. Kéré bindet sie in seine Arbeit ein, lässt sie an Erlerntem teilhaben, schafft mit ihnen schließlich Neues, das wiederum zum Teil der Einwohner und ihrer Kultur wird. Indem er aus ganz wenig ganz viel macht, wird seine Arbeitsweise auch zum Vorbild für ein neues, ressourcenfreundliches Schaffen im Westen.

Kéré gelingt es so, das Paradigma der Überlegenheit gegen das des gegenseitigen Lernens, der lernenden Kulturen zu setzen. Das macht ihn zu mehr als einem Architekten. Kéré wird dadurch auch zu einem Lehrmeister für den Prozess der Globalisierung.

MIT DEM FREMDEN BAUEN.

Francis Kéré zählt zur Riege der internationalen Stararchitekten. Sein Büro ist mit Projekten in Afrika, China und der Schweiz international vertreten. Seine Bauten sind unaufgeregt und einfach. Erst wer sich näher mit seiner Arbeit befasst, entdeckt ihre skulpturale Qualität. Denn Kérés Entwürfe berühren mehr als nur den Raum. In seinen Bauten manifestieren sich vor allem soziale und kulturelle Dimensionen. Wie die großen Architekten der Moderne ist auch er ein Ingenieur der Lebensführung.

Doch die Grundlage für seine Arbeit ist kein Architektenhaus in Dessau, sondern die Savanne von Burkina Faso, einem der ärmsten Länder der Welt. Was sich etwa in einer geringen Lebenserwartung, einer hohen HIV-Prävalenzrate und einer Analphabetenquote von 80 Prozent ausdrückt.

Das Land kennt Dürren, aber auch starke Regenzeiten, weshalb Kéré schon als Kind gezwungen war, mit anzupacken, wenn das Wasser die Häuser einmal mehr unbewohnbar gemacht hatte. »Ich musste meinem Onkel helfen. Er hatte die Häuser gebaut und uns blieb nichts anderes übrig, als sie jedes Jahr aufs Neue zu reparieren. Schon mit acht Jahren habe ich Baumaterial herangeschafft und zum Teil Dinge gehoben, die schwerer waren als ich selbst. Ich glaube, dabei ist in mir die Idee gereift, dass ich später einmal bessere Häuser bauen müsste. Häuser, die standfester sind und nicht nach jeder Regensaison unterspült werden, Häuser, die man nicht immer wieder reparieren müsste.«

Kéré wurde als Einziger im Dorf in die Schule geschickt. Sein Vater, Häuptling der Dorfgemeinschaft, träumte davon, dass der Sohn ihm, der weder lesen noch schreiben konnte, eines Tages die Post vorlesen würde. Aber es kam anders. Kéré begann nach der Schule eine Tischlerausbildung und reiste dann mit einem Stipendium nach Deutschland, wo er an der Technischen Universität Berlin Architektur studierte.

Als Fremder unter aufstrebenden Jungarchitekten suchte Kéré nach Wissen, das in seiner Heimat wirksam werden kann. Nicht die hypermodernen, schillernden Lösungen interessierten ihn, sondern solche, die sich in ärmlichen Umgebungen realisieren ließen. Noch während seines Studiums kehrte Kéré in sein Dorf zurück, dieses Mal als Fremder unter anderen Vorzeichen. Er hatte den Verein »Schulbausteine für Gando« ins Leben gerufen und ein bisschen Geld gesammelt. Dieses Geld und sein westeuropäisches Architektur-Know-how investierte er jetzt in einen Schulbau.

2001 eröffnete die Schule mit 120 Schülern. Nach einem Erweiterungsbau sind es heute 1000. Unvorstellbare Zahlen für das Land. Kéré glückte, was nur wenigen gelang, nämlich aus Armut Schönheit zu schöpfen. Tatsächlich steckt schon in diesem Frühwerk die Klugheit von Kérés Architektur. Er setzt einer globalen Formensprache aus Stahl, Beton und Glas, die dem Diktat alberner Größenfantasien gehorcht, eine konkrete Gegenwelt entgegen. Der Architekt nimmt lokale, traditionell verankerte Anklänge auf, um sie virtuos zum Schwingen zu bringen. So floss in Burkina Faso Wissen aus zwei Kulturen zusammen, die unterschiedlicher nicht sein können.

»Meine Architektur steht für Neues. Ich zögere nicht, Materialien zu kombinieren. Ich zögere nicht, Blech mit Lehm zu kombinieren. Ich zögere auch nicht, Ideen aus Europa für Afrika neu zu definieren. Ich kenne kein Tabu, ich habe keinen historischen Ballast, welcher mich daran hindert, neue Formen zu finden. Insofern kann man diese Arbeit als eine unbefangene Herangehensweise sehen. Es ist eine unbefangene Neuorientierung.«

ANNÄHERUNG ZWEIER WELTEN.

Als herausragendes Beispiel für Kérés Arbeitsweise gilt das Operndorf in Burkina Faso. Das Projekt begann als Arbeit des Künstlers Christoph Schlingensief. Heute muss man es vor allem als Kollaboration zwischen zwei höchst unterschiedlichen Kulturen lesen.

Zu Kérés Methode gehört es, die Community vor Ort einzubinden. Dabei entwickeln die Menschen auch die Fähigkeit, den Bau selbstständig instand zu halten.

Schon in Kérés erstem Bauprojekt, einer Schule in Gando, fließen europäische Baukunst und die Traditionen vor Ort zusammen.

In den Innenräumen herrscht ein angenehmes Klima. Gepresste Lehmblöcke absorbieren die Hitze, ein großes, überhängendes Dach beschattet die Fassaden und sorgt für frei zirkulierende Luftströme.

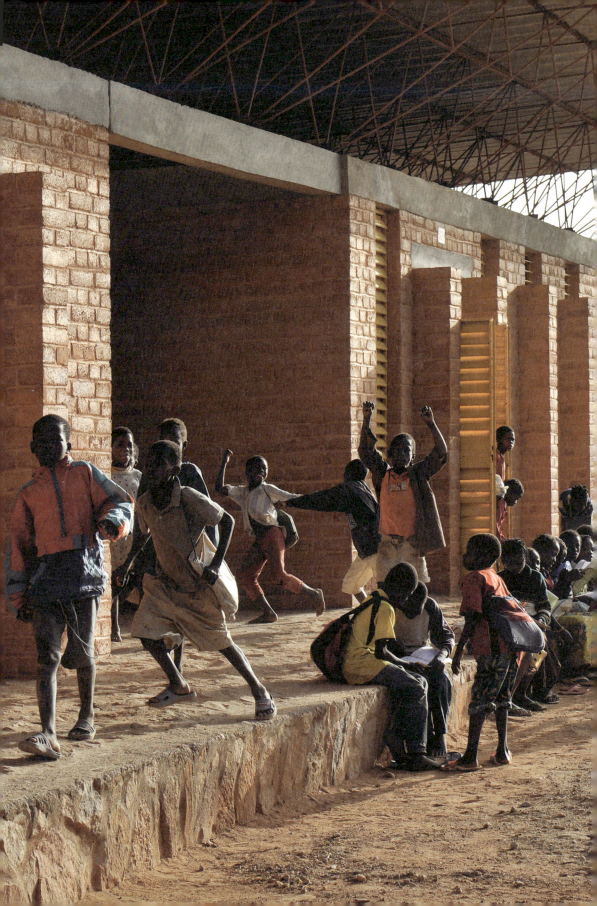

DIE NEUE WELT.

Anfang 2009 reiste Schlingensief quer durch Afrika, suchte in Mosambik und Kamerun nach einem geeigneten Ort für ein Festspielhaus, doch fündig wurde er nicht. Schließlich brachte ihn das Goethe-Institut mit Francis Kéré zusammen. Der junge Architekt zeigte ihm Burkina Faso. Etwa 30 Kilometer östlich der Hauptstadt Ouagadougou entdeckten sie eine Anhöhe bei Laongo. »Das ist es«, beschied ihm Schlingensief. Sie standen inmitten des weiten Landes, seiner roten Erde und grünen Bäumen. Es war ein besonderer Ort, ein Ort der Kunst, der Ruhe und Spiritualität. Bauern aus der Umgebung sprachen hier mit ihren Geistern.

»Auf den ersten Blick scheint ein Opernhaus für einen Kontinent wie Afrika eine schreckliche Idee zu sein. In Burkina Faso aber spielt so ein Kunstobjekt eine wichtige Rolle. Das Land ist das Zentrum des afrikanischen Films, des afrikanischen Theaters. Und mittlerweile auch das Zentrum der afrikanischen Mode«, erklärt Kéré.

»Von Afrika lernen« war Schlingensiefs Vision für das gemeinsame Projekt. Es ging um die Kunst, aber auch um soziale Aspekte, weshalb die beiden den Plan fassten, in Etappen zu bauen. Zuerst sollte das Notwendigste entstehen: eine Schule, gefolgt von Krankenstation, Wohneinheiten, Gästehäusern und schließlich dem eigentlichen Veranstaltungsraum.

Kéré geht es dabei um ein organisches, gesundes Wachstum und eben nicht um die architektonische Großtat. Der Architekt bevorzugt deshalb das Bauen von Modulen, kleinen funktionalen Einheiten, die sich in der Anzahl erweitern, im Zweifelsfall aber auch wieder zurückbauen lassen, je nach Nutzung. Das Operndorf wächst so spiralförmig von außen nach innen. Mitten im Zentrum: das Festspielhaus, zu einer Schneckenform verdichtet.

Inzwischen wurde die Schule eröffnet. Neben Lesen und Schreiben stehen hier auch Film, Hörspiel und Tanz auf dem Programm. Schließlich soll »Remdoogo«, wie das Dorf getauft wurde, für junge Menschen auch eine Experimentierbühne werden. Künstler aus der Region bestimmen dabei, was auf dem Lehrplan steht. Es geht eben nicht um ein zweites Bayreuth, um ein Vehikel für europäischen Kulturkolonialismus, sondern um einen Ort, der die beheimatete Kultur befördert.

2001 eröffnete die Schule mit 120 Schülern. Nach ihrer Erweiterung sind es heute 1000. Für seine Leistung wurde Kéré mit dem höchstdotierten Architekturpreis der Welt ausgezeichnet, dem Aga-Khan-Preis.

DAS PRINZIP KÉRÉ.

Aus der Verbindung zweier Welten – Europa und Afrika – entsteht eine Architektur, für die es weltweit kein Vorbild gibt. Ganz praktisch hat Kéré über die Jahre seine eigene Methodik entwickelt und verfeinert.

FRANCIS KÉRÉ

WER GEMEINSAM MIT KÉRÉ BAUT, BAUT NICHT NUR EIN HAUS, SONDERN EINEN TEIL DER EIGENEN GESCHICHTE.

So ist der Architekt in ständiger Konferenz mit den Bewohnern vor Ort. Nicht selten hockt er auf der nackten Erde, eingekesselt von einer Schar Menschen, mit denen er Pläne und Ideen diskutiert. Nach einer solchen Versammlung überarbeitet er seine Blaupausen und sucht noch einmal das Gespräch, bis die Sache stimmt. Wer die Community einbinden will, der muss sich vor allem in einem üben: der Königsdisziplin Geduld. Doch Kéré weiß, dass er in vielfacher Hinsicht profitiert. Oft bringen die Einwohner Wissen um die Begebenheiten vor Ort ein. Oder sie artikulieren ihre Bedürfnisse und Wünsche, ihre Erwartungen an den neuen Bau. Der Architekt nimmt alles auf. Er will keinen Fremdkörper bauen, eines jener schicken, hochmodernen UFOs, die mitten in einer gewachsenen Welt gelandet sind und für nicht viel mehr als Sensationswerte sorgen.

Partizipatives Bauen, unter diesem Namen kennt man die Vorgehensweise in der Architektur. Kéré treibt sie mit seinen Projekten auf die Spitze. Seine Vorstellung von Teilhabe geht weit über die Planung hinaus. Er bezieht die Menschen praktisch in jeder Entwicklungsphase ein. Nicht zuletzt bei der Umsetzung der Pläne sind dann wirklich alle gefragt. Eigentlich sind es immer ungelernte Kräfte, die nun die Fähigkeit entdecken, funktionstüchtige Bauten herzustellen. Von der Ziegelproduktion bis zum eigentlichen Bau. Am Ende steht dann auch mehr als nur ein Gebäude: eine Gemeinschaft, die Baukenntnisse gewonnen hat, die sie bei jedem neuen Bau einsetzen kann. Auch ohne Kéré.

»Die Arbeit steht und fällt mit der Community vor Ort. Wenn man die Menschen einbindet, dann lernen sie, dass es ihre Arbeit ist. Eine Arbeit, die nicht von irgendwoher diktiert wurde, sondern mit ihnen entstanden ist. Sie wissen die Arbeit dann später besser zu schätzen, aber auch, wie die Arbeit an sich auszuführen ist. Deshalb ist es wichtig, mit den Menschen zu arbeiten. Die Menschen sind die Basis für jede Arbeit.«

MIT DEM BAUEN, WAS VOR ORT IST.

Doch Kéré setzt nicht nur in Sachen Community auf die vor Ort vorhandenen Möglichkeiten. So kommen bei ihm heimische Materialien genauso wie lokale Bautraditionen zur Anwendung. Für ihn sind die Zeiten vorbei, da man Baumaterialien mit viel Aufwand aus weiter Entfernung herankarrte. In Gando baut er deshalb hauptsächlich mit Lehm. Indem er der Bausubstanz 8 bis 10 Prozent Zement beimischt, wird das Material beständig und besser für den Bau geeignet. Die Menschen vor Ort formen das neue Gemisch und pressen es mit einer Maschine zu Stapelsteinen, was die Bausubstanz noch einmal widerstandsfähiger und stabiler macht. Da kein Holz vorhanden ist, um Ziegel zu brennen, müssen die Steine etwa vier Wochen lang trocknen.

Für eine weiterführende Schule in Dano geht Kéré dann wieder einen anderen Weg. Er setzt Lateritstein ein, ein dort natürlich vorkommendes rötlich-poröses Gestein, das von den Menschen behauen und direkt verbaut werden kann. Und darauf kommt es dem Architekten letztlich an: Die einheimische Bevölkerung muss die Gebäude pflegen, warten und reparieren können. Man ist auf Materialien angewiesen, die man in der Umgebung vorfindet.

Doch was Kéré auch immer wieder betont: Eigentlich würde er überall auf der Welt auf diese Weise bauen. Auch ein Auftrag in New York wäre dann unmittelbar mit der Suche nach Materialien verbunden, die in der Umgebung zu finden sind.

Oft baut man in Burkina Faso nach europäischem Vorbild, was nicht die optimale Lösung für ein Land ist, das zu den Ärmsten der Armen gehört. Das Klima macht Häuser aus Beton und Glas quasi unbewohnbar, da sie die Hitze speichern. Eine künstliche Klimatisierung kostet Strom und damit Geld. Geld, das entweder nicht da ist oder an anderer Stelle besser eingesetzt wäre. Kéré hat deshalb eine spezielle Dachkonstruktion entwickelt. Einerseits hält ihre überbordende Dimension den Regen von den Wänden ab. Andererseits sorgt ein Zwischenraum dafür, dass die Luft innerhalb der Gebäude zirkuliert: eine natürliche Klimaanlage, die keinen Strom verbraucht.

Im Grunde genommen wäre Kérés Arbeitsweise auch in Regionen wie unseren sinnvoll. Warum, erklärt der Architekt mit deutlichen Worten: »Wir erleben Krisen. Wir erleben Klimaveränderungen, die dann auch Katastrophen herbeiführen. Wir erleben eine zunehmende Auseinandersetzung um die Ressourcen. Ich glaube, dass vielleicht jeder Kollege einmal einsehen wird, dass man nicht so weitermachen kann, dass man nicht nur das westliche Beispiel überallhin transportieren sollte, dass man eher von anderen Kulturen lernen sollte, wie man behutsam mit Ressourcen in der Vergangenheit umgegangen ist, bevor der westliche Weg zum allbeherrschenden wird.«

Und tatsächlich findet auch hierzulande ein langsames Umdenken in Sachen ökologischer Häuserbau statt. War es noch bis vor Kurzem gang und gäbe, Alt- und Neubauten mit allem erdenklichen Isolations-Schickschnack auszustatten, treten bereits einige Architekten davon zurück. Sie sehen in der Herstellung der teils exotischen Materialien eine zu hohe Belastung für die Energiebilanz der Bauten. Im Klartext: Es wäre häufig besser, mit lokal verfügbaren Materialien zu bauen. Typisches Kéré-Denken also. Vielleicht wird dadurch sogar dem architektonischen Einheitsbrei Einhalt geboten, der das Land

Das Operndorf lehnt sich mit seiner kreisförmigen Gestalt an die Tradition afrikanischer Gehöfte an: nach Norden geschlossen, zum Osten hin geöffnet.

»Remdoogo«, wie das Dorf getauft wurde, entsteht mitten in der Savanne Burkina Fasos. Mit ihren kleinen Hügeln strahlt die Landschaft eine Spiritualität aus, die ausschlaggebend für die Wahl war.

Nach und nach entstehen hier Schule, Krankenstation, Gästehäuser und Festspielhaus. Auch wenn die Schule bereits ihr erstes Jahr hinter sich hat, ist das Operndorf im Moment vor allem eins: eine riesige Baustelle.

FRANCIS KÉRÉ

»DIE ARBEIT STEHT UND FÄLLT MIT DER COMMUNITY VOR ORT.«

flächendeckend überzieht. Das wäre dann Kéré in Vollendung: Bauten, die wirtschaftlich, ökologisch und ästhetisch auf hohem Niveau eine Einheit bilden.

BLAUPAUSE FÜR EIN NEUES SELBSTVERSTÄNDNIS.

Vision und Pragmatismus fallen bei Kéré zusammen. Seine Gebäude entstehen nicht, weil sie auf irgendeiner Blaupause so gezeichnet wurden, sondern weil es ihm gelingt, Menschen zu inspirieren und sie für die Sache zu gewinnen. Wer gemeinsam mit Kéré baut, baut nicht nur ein Haus, sondern einen Teil der eigenen Geschichte. Kéré liefert damit auch ein neues Modell für ein gemeinsames Wachstum: Man kann nur wachsen, indem man sich dem Wachstum der jeweiligen Biotope anpasst. Man selbst muss sich eingliedern, nicht die anderen. So werden örtliche Traditionen und Vorstellungen zum Fluchtpunkt, von dem aus man die Zukunft konstruiert.

Nebenbei entwirft Kéré so auch ein neues, anspruchsvolleres Bild vom Architekten. Seine Arbeiten sind polydimensional. So wie jeder Baumeister gewisse Rahmenbedingungen, finanzielle Mittel, Statik, Umwelt und Art der Nutzung berücksichtigen muss, berühren Kérés Arbeiten Kultur, Kommunikation, Tradition, Technik, Ökonomie und Ökologie. Kéré geht es darum, einen sozialen Organismus zu gestalten, ein soziales Ganzes, in dem das Leben gedeihen kann, der Mensch zur Produktivität animiert wird und sich seine Fähigkeiten entfalten können.

Dabei macht der Architekt deutlich, dass der Westen ein neues Selbstverständnis braucht, will er denn tatsächlich auf dem Kontinent etwas Positives erreichen. Afrika, das war viel zu lange ein Ort, an dem Retterfantasien – geschürt von Medien und Hilfsorganisationen – ausgelebt wurden. Ein Kontinent, an dem bis heute kitschige Träume von unberührter Natur und stolzen Massai kleben. Oder eine Region, in der man vor allem immense Rohstoffvorkommen wittert, die es auszubeuten gilt.

Natürlich stellt sich die Frage, was wir eigentlich meinen, wenn wir von Afrika sprechen. Der Kontinent besteht immerhin aus einem bunten Flickenteppich von 54 Ländern. Und doch kann man Trends ablesen. Das Wirtschaftswachstum ist seit Jahren immens, die Armut sinkt. Innerhalb nur einer Dekade sind Millionen Haushalte Teil einer weltweiten Mittelschicht geworden. Dieses Wachstum hat der Kontinent allen Sektoren von Handel über Landwirtschaft bis hin zur Telekommunikation zu verdanken, vor allem aber Unternehmern, die ihre Heimat mit Tatkraft und Ideen vorantreiben.

Kérés Architektur ist im Grunde eine Einladung an uns, an diesem Afrika mitzubauen. Natürlich stellt es eine anspruchsvolle Herausforderung dar, sein Denken auch in ökonomischer Dimension wirksam werden zu lassen. Unternehmen müssen sich fragen, wie sie gewachsene Kulturen nicht als Hindernis, sondern als Quelle für das Neue entdecken können; wie sie in die Menschen vor Ort investieren und dabei die Qualifikationen und Fähigkeiten des Einzelnen fördern. Kéré selbst formuliert es so: »Die Menschen hier haben ungeheures Potenzial. Sie lernen, mit dem umzugehen, was sie ausmacht. Sie lernen, die Rohstoffe, die sie besitzen, zu veredeln und für die eigenen Bedürfnisse einzusetzen. Es gibt Personal und Arbeitskräfte, aber vor allem begeisterte und begeisterungsfähige Bevölkerungsschichten oder Arbeitsgruppen, die sich sehr gut einsetzen lassen. Da ist es nicht verkehrt, dass man heute ein gesundes wirtschaftliches Wachstum in diesen Ländern erahnt oder riecht.«

»DIE MENSCHEN SIND DIE BASIS FÜR JEDE ARBEIT.«

SKYLAR TIBBITS

WIE EIN ARCHITEKT MIT NEUEN WERKSTOFFEN
EINE NEUE WELT KONSTRUIERT. IM GANZ GROSSEN
UND GANZ KLEINEN.

SKYLAR TIBBITS

PROGRAMMABLE MATTER. DAS UNBELEBTE BELEBEN.

D as Unbelebte zu beleben ist die ureigene kreative Disziplin der Götter. In den Erzählungen ihrer Geschöpfe ist es an ihnen, der toten Materie das Leben einzuhauchen. Erst durch ihren besonderen göttlichen Code entstehen Universen, wird lebloses Material lebendig.

Das Unbelebte zu beleben: eine wundervolle Geschichte, für die in einem aufgeklärten Jahrhundert eigentlich kein Raum ist. Im Grunde gehört der poetische, mystische Gedanke eines göttlichen Codes zu all den anderen verworfenen, naiven und belachten Ideen zurückliegender Zeitalter. Dann aber wurde im 20. Jahrhundert eine Entdeckung gemacht, die dem Konzept von durch Codes beseelter Materie neues Leben einhauchte.

Das Zauberwort besteht aus drei Buchstaben und ist tatsächlich so etwas wie der göttliche Atem der Mikrobiologie: die DNA. Denn durch ihre Entdeckung und voranschreitende Entschlüsselung ist erstmals eine der verborgenen Sprachen der Natur zutage getreten.

Auch wir Menschen, so die Botschaft, sind demnach Wesen, deren Entstehung ein Code zugrunde liegt. Die Natur der Natur hat sich uns auf beängstigend klare Weise zu erkennen gegeben: Selbst in uns ehemals göttlichen Schöpfungen arbeitet nur ein geheimer Schlüssel, der unbelebtes Eiweiß in einer bestimmten Reihenfolge anordnet. Eine Reihenfolge, die man mit dem entsprechenden Gerät entschlüsseln und aufschreiben kann.

Dies bringt nicht nur alte Menschenbilder ins Wanken. Es ermutigt auch dazu, sich das so einfache wie erfolgreiche Prinzip zu eigen zu machen und so selbst zum Schöpfer zu werden. Denn der Code legt die Vermutung nahe, dass man ihn auch neu schreiben oder umprogrammieren kann, sodass damit am Ende etwas völlig Neues hervorgebracht werden könnte.

Mit diesem gedanklichen Rüstzeug haben wir das Jahrhundert des Codes eröffnet. Plötzlich ist alles »Code«, überall ticken verborgene Algorithmen, die Computer, Gensequenzen oder die Welt der internationalen Finanzwirtschaft steuern.

Aber kann man durch »Coding« auch Unbelebtes mit einer Programmierung versehen und dadurch lebendig machen?

Einer, der sich aufgemacht hat, diese Fragen zu beantworten, ist der junge Architekt Skylar Tibbits. Sein Fachgebiet ist das Thema »Programmable Matter«. Er ist Vorreiter eines Forschungszweiges, durch den eine neue Kategorie von Materie entstehen soll: Materie, die weiß, was sie ist und was sie einmal werden soll.

DER ZAHLENARCHITEKT.

Die Welt der Architekten ist eine einzige Qual: Wer baut, stemmt sich gegen die Urgewalten der Welt. Gegen die Schwerkraft, das Wetter, gegen die Elemente. Monat für Monat spüren wir, wie teuer es ist, zu wohnen (geschweige denn zu bauen). Das liegt unter anderem daran, dass sich die Eckpfeiler der Architektur kaum entwickelt haben. Natürlich wurden im Lauf der Jahrtausende die Prozesse verfeinert. Die Materialien sind heute reiner, die Werkzeuge präziser. Aber wo schon vor Tausenden von Jahren Stein auf Stein gesetzt wurde, wird heute eben Glas auf Stahl gestapelt und dem Himmel entgegengereckt. Genau da setzt Tibbits an. Um die Architektur weiterzuentwickeln, lässt er sie mit den Methoden des Coding kollidieren. »Als ich anfing, Architektur zu studieren, wurde es auf einmal schick, zu programmieren. Das war im Grunde der Anfang des Coding in der Architektur. Daher rührt auch meine Faszination für Programmierung und algorithmische Geometrie. Zur gleichen Zeit kamen die ersten 3D-Drucker auf den Markt. Viele Büros fingen an, damit zu arbeiten, es war eine total verrückte Zeit, voll von unglaublichen Möglichkeiten, in der wir mit Code arbeiteten, Code nutzten, um Maschinen zu steuern und so weiter.«

In dieser Zeit führte Tibbits ein kreatives Doppelleben. Zum einen studierte er Computer Science und Design Computation am MIT. Unter der Leitung von Neil Gershenfeld lernte er im Media Lab viel über künstliche

Intelligenz und Robotik und kam auch zum ersten Mal mit Programmable Matter in Berührung. Zum anderen arbeitete er mit dem Künstler und Architekten Marc Fornes vom Designstudio Theeveryman an einer Reihe großformatiger Skulpturen, die auf Basis programmierter Algorithmen entstanden waren.

»Wir wurden überall auf der Welt eingeladen, um diese übergroßen Skulpturen zu entwerfen, die eine Art physische Manifestation unserer digitalen Studien waren.« Dabei merkte Tibbits, dass er mit dem Arbeitsprozess nicht glücklich war: »Weil es im Grunde rohe Gewalt war. Der Code war brillant, der Fabrikationsprozess der Einzelteile nahtlos und dann wurde es extrem arbeitsintensiv beim Zusammenbau. Wir hauten die Einzelteile einfach so zusammen, über Wochen und Monate, und bekamen davon Blasen und wurden frustriert.«

Nach seinem Abschluss am MIT bot man ihm dort eine Stelle als Dozent an. Für ihn bestand darin die einmalige Chance, die beiden Welten miteinander zu verbinden, die ihn bis dahin beschäftigt hatten. Auf der einen Seite waren da die neuen Prinzipien der Gestaltung via Code. Auf der anderen Seite die Konstruktion großformatiger Objekte. Tibbits ging es zum Beispiel darum, die Art und Weise neu zu erfinden, wie große Strukturen gebaut werden. Ihm war die rohe Gewalt, die dazu immer noch nötig ist, zuwider. »Jede andere Disziplin baute viel intelligenter, viel effizienter, sei es naturgegeben oder weil man schlauer an die Sache ranging.«

Dabei stößt Tibbits in neue Bereiche vor. Denn ihm geht es nicht etwa um die Konstruktion neuer Werkzeuge, die das Bauen sozusagen äußerlich erleichtern. Ihm geht es um die Neuerfindung der Bausteine selbst. Tibbits ist auf der Suche nach einem intelligenten Ziegelstein. Er hat ihn in der Welt der Programmable Matter gefunden.

Architekt, Künstler, Informatiker, Lehrender: Skylar Tibbits verbindet viele Talente zu einem neuen Berufsbild.

NEUE BAUSTEINE FÜR EINE NEUE WELT.

Programmable Matter passt in kein Periodensystem. Sie ist weder gottgegeben noch völlig menschgemacht. Das Ziel ist, einen Werkstoff zu entwickeln, in den das fertige Ergebnis bereits eingebaut ist. Ähnlich der Entwicklung eines menschlichen Embryos, bei dem in jeder Körperzelle sowohl der Bauplan für den ganzen Menschen als auch die jeweilige Spezialisierung enthalten sind. Die Basis dieser Programmable Matter ist ein genetischer Code, der aus einem einzelnen Baustein mehr macht als nur ein Einzelstück. So entstehen Materie, Substanzen oder Bausteine, die programmierbar sind. Sie haben Eigenschaften, mit denen sie in einer ganz bestimmten, zuvor programmierten Weise auf ihre Umgebung reagieren.

Der »VoltaDom« ist eine typische Skulptur von Tibbits: Hunderte von Kuppeln verschränken sich zu einem neuen, fast unmöglichen Bauwerk. Die Arbeit entstand anlässlich des 150. Geburtstags des MIT.

SKYLAR TIBBITS

PROGRAMMABLE MATTER IST WEDER GOTTGEGEBEN NOCH VÖLLIG MENSCHGEMACHT.

»Ein Weg, dieses Ziel zu erreichen, besteht darin, jedem Einzelteil mindestens zwei unterschiedliche Zustände zu ermöglichen. Anstatt also dumme Einzelteile zu produzieren, die man einfach zusammendonnert, müssen wir uns bei Programmabe Matter vorstellen, dass ein Einzelteil immer einen von zwei möglichen Zuständen einnimmt: verbunden oder nicht verbunden, ein Teil könnte zusammen- oder auseinandergefaltet sein, könnte gebogen oder gerade sein.«

Das Geheimnis von Programmable Matter steckt in der Art und Weise, wie der Konstrukteur die einzelnen Bausteine zusammensetzt. Je nachdem, wie man sie miteinander kombiniert, potenzieren sich die Eigenschaften der unterschiedlichen Teile. Es entsteht ein Objekt, das nicht nur ist, was es oberflächlich scheint, sondern darüber hinaus verborgene, alternative Zustände kennt. »Beim Designprozess berücksichtigt man den Zustandswechsel der Einzelteile in Abhängigkeit von der Energie, die man ihnen zuführt, sei es durch Hitze, Geräusche oder Bewegung. So werden die einzelnen Teile zum intelligenten Element. Normalerweise würden wir sagen: ›Wenn ich aus diesem Tisch einen Stuhl machen will, dann säge ich ihn einfach auseinander und mache einen Stuhl daraus.‹ Stattdessen könnte man sagen: ›Ich gestalte diesen Tisch so, dass bei einer bestimmten Temperatur ein Stuhl daraus wird.‹«

Wie aus diesen etwas abstrakt anmutenden Überlegungen tatsächlich nutzbare Objekte werden sollen, ist die große Frage, mit der sich Tibbits befasst. Tatsächlich gibt es darauf eine ganze Reihe von Antworten, und zwar abhängig von der Skala, die man anlegt. Sowohl im mikro- wie auch im makroskopischen Bereich liegen unzählige Möglichkeiten.

DIE VERSCHMELZUNG VON BAUPLAN UND BAUWERK.

Tibbits ist auch ein Meister darin, die eigene Forschung möglichst einfach und anschaulich zu verdeutlichen. Dann zaubert er zum Beispiel eine Kette aus der Hosentasche, die wie eine einfache Fahrradkette aussieht. Die einzelnen Kettenglieder können sich jedoch nicht frei bewegen, sondern nur in eine zuvor festgelegte Richtung. Je nachdem, wie man sie zusammensetzt, steckt in der Kette dann zum Beispiel der Bauplan für eine Helixstruktur oder einen Würfel. Wenn man sie schüttelt, verwandelt sich die Kette in eines der zuvor bestimmten Objekte. Ein Zaubertrick, den die Natur parat hält, wenn sie durch Einspeisung von Energie Ordnung in chaotische Systeme bringt. Weitergedacht stecken in diesem Beispiel Lösungsmöglichkeiten für die Frage, wie sich einfache Strukturen in komplexe Körper verwandeln können.

Die »Self-Assembly Line« ist eine Kollaboration von Tibbits und Arthur Olsen, der das Molecular Graphics Laboratory in La Jolla, Kalifornien, leitet. An dieser Zusammenarbeit wird deutlich, dass Programmable Matter viele Bereiche des Lebens berührt. Und zwar je nachdem, welchen Maßstab man anlegt. Arthur Olsen befasst sich mit den Möglichkeiten, die sich für das neue Material auf der Ebene der menschlichen Körperzellen ergeben. Etwa für den gezielten Transport von Medikamenten in einzelne Bereiche der Zelle hinein. »Art und ich haben uns vor einigen Jahren unter seltsamen Umständen kennengelernt. Ich hatte mir ein Video angeschaut, auf dem er ein Self-Assembly Toy zeigte, während ich auch gerade an einem arbeitete.«

Obwohl der forschende Kollege auf dem Feld der Mikrobiologie arbeitete und Tibbits doch eher an der Lösung von groß dimensionierten architektonischen Problemen interessiert war, griff er spontan zum Telefon: »Ich rief ihn also an und erklärte, dass wir im Grunde an der gleichen Sache arbeiten würden. Warum also nicht etwas gemeinsam machen?« Die Zusammenarbeit zwischen Skylar Tibbits und Arthur Olsen hat in kurzer Zeit zu einer ganzen Reihe praktischer Ergebnisse geführt. Vor allem weil sie sich mit ihren jeweils völlig unterschiedlichen Maßstäben ans Werk gemacht haben.

Ein Ergebnis dieser Zusammenarbeit ist die »Self-Assembly Line«, eine Mischung aus Maschine und Installation, die von den beiden in Long Beach aufgebaut wurde. Die Skulptur ist etwa vier Meter groß, eine Hohlkugel, in deren Innerem sich zahlreiche Einzelteile aus Programmable Matter befinden. Sie sind so konstruiert, dass sie sich zu einem annähernd kugelförmigen Objekt zusammenbauen, wobei die ihnen innewohnende Intelligenz in ihrem eingebauten Bauplan besteht. An bestimmten Punkten haben Tibbits und Olsen Kontaktpunkte in Form von Magneten positioniert, die den Einzelteilen dazu verhelfen, sich selbst zu einem größeren Körper zusammenzusetzen.

Tibbits erzählt freudig, wie sich die Menschen der großen Skulptur genähert haben, sie von Hand gedreht haben, mal schneller, mal langsamer, und wie sich diese äußerliche Energiezufuhr auf die Einzelteile im Inneren ausgewirkt hat. »Wenn man zu viel Energie zuführt, gibt es zwischen den Einzelteilen zu viele Interaktionen und sie fallen auseinander. Wenn man langsamer daran dreht, ziehen sie sich langsam, aber sicher an. Falsche Verbindungen lösen sich, weil sie nur einen schwachen Zusammenhalt haben. Und nach und nach entstehen dann diese Objekte von der Größe eines Möbelstücks daraus.«

Damit hat Tibbits also eines seiner Ziele erreicht. Die »Self-Assembly Line« ist sowohl Skulptur als auch Maschine. Sie knüpft an seine Zeit als Künstler an, erklärt aber auch das Prinzip des Selbstzusammenbaus.

»The Self-Assembly Line« von Skylar Tibbits und Arthur Olsen ist eine kinetische Skulptur, mit der die Funktionsweise von Programmable Matter demonstriert wird.

Wenn die Skulptur um ihre eigene Achse rotiert, geraten in ihrem Inneren Bausteine aus Programmable Matter in Bewegung und fügen sich neu zusammen.

Ein Prinzip von Programmable Matter: Mehrere Einzelteile setzen sich zu einem neuen Objekt zusammen. So gesehen ist in jedem dieser Einzelteile auch der Bauplan für das fertige Ergebnis enthalten.

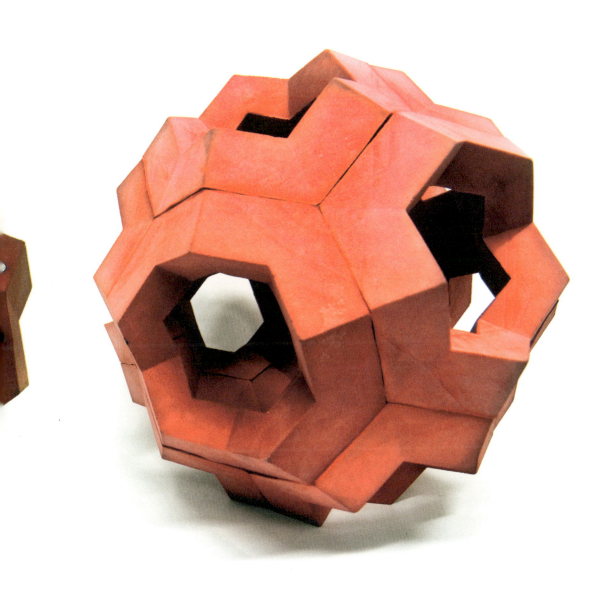

»Bio-Molecular Self-Assembly« ist ein weiteres Forschungsprojekt von Tibbits und Arthur Olsen. Die Anwendungen können sowohl im Bereich der Mikrobiologie als auch in der Raumfahrt liegen, etwa bei der Konstruktion von Raumfahrzeugen.

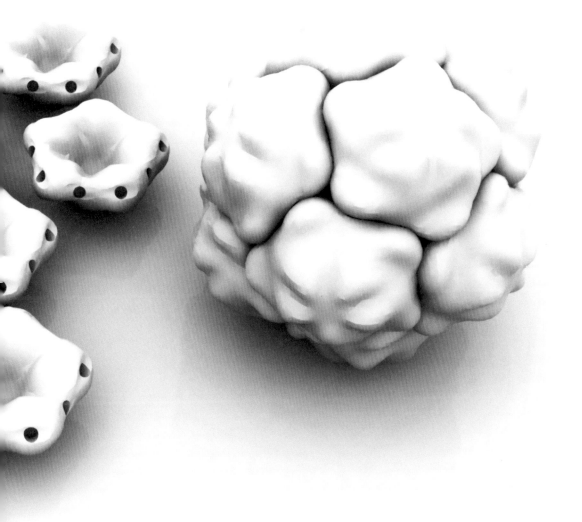

SKYLAR TIBBITS

DER CODE ERZÄHLT DIR, WAS IN IHM STECKT.

PROGRAMMABLE MATTER: DAS ENDE DER PLANUNG.

Für die Zukunft können wir also ganz auf Fabriken verzichten. Wir kaufen unsere Produkte als lose Einzelteile, in Tüten verpackt, schütten sie in die Waschtrommel und nach 15 Minuten nehmen wir entweder ein fabrikneues Waffeleisen, einen Fernseher oder ein Sofa heraus. Doch Tibbits Forschung lehrt uns mehr.

Wenn man den Blick von der Architektur und dem Produktdesign auf die Gesellschaft erweitert, bekommen Tibbits Erfindungen einen noch tieferen Sinn. Denn einer der versteckten Leitsätze unserer Kultur besteht in der Beherrschung der Kräfte der Natur. Wir finden dieses Prinzip versinnbildlicht in der Beherrschung des Feuers, verfortschrittlicht in der Glühbirne, aber auch in der Beherrschung des explodierenden Kraftstoffs in den Motoren unserer Autos. Doch dem ehernen Rezept sind Grenzen gesetzt. Einerseits lassen sich nicht alle Naturkräfte beherrschen. Andererseits steht die Idee der Beherrschung dem Prinzip einer effektiven Nutzung entgegen. Denn wo geherrscht wird, wird meistens auch klein gehalten. Wo hingegen intelligent genutzt wird, folgt die Technik dem Spiel der Natur. Es ist der Kampf von Kohle gegen Windkraft.

Tibbits Schaffen liegt die Einsicht zugrunde, dass Systeme, die sich selbst organisieren und daher frei entfalten können, effektiver sind als solche, die beherrscht werden. Seine Arbeit an unterschiedlichen Algorithmen führt daher manchmal auch ohne Planung dazu, dass ein Code entsteht, der seine Sache besonders gut macht. »Im Grunde erzählt dir der Code erst nach seiner Programmierung, welche Funktionen und Verkörperungen in ihm stecken. Man lässt ihn sich entwickeln und sein eigenes Zuhause finden und versucht nicht, ihn in eine andere Richtung zu zwingen.«

In der großen, weiten Welt der Algorithmen stecken also unendlich viele Möglichkeiten, die es in Zukunft auf den unterschiedlichsten Feldern zu erforschen gilt. »Ich denke, es ist ein unglaublich aufregender Weg, den Systemen zuzuhören, sie machen zu lassen, was sie wollen, und am Ende hoffentlich kraftvoller zu sein als alles, was wir in sie hineinpressen würden.«

Diese Erkenntnisse lassen sich auch auf die Prinzipien des Managements und der Arbeitsorganisation übertragen: Nicht beherrschen, sondern wachsen lassen. Der Manager wird dabei zum Gärtner, zum Mikrobiologen. Wachsen soll nicht der Ertrag allein, sondern vor allen Dingen die Leistungsfähigkeit seiner Pflanze. Der Ertrag kommt dann ganz von selbst. So werden die Grundlagen von Programmable Matter zum Denkmodell einer neuen Lebensweise.

Tibbits Arbeit beschreibt einen Prozess der strukturellen Auflösung. Sie erfolgt, indem Macht von größeren Strukturen auf immer kleinere Einheiten übertragen wird. Diese Mechanik findet man nicht nur im Wesen der Demokratie, sondern auch in vielen Erfolgsgeschichten der Neuzeit. Auch die Verbreitung der digitalen Medien hat einen solchen Effekt ausgelöst. Waren Unternehmen vor wenigen Jahrzehnten noch Imperien mit Niederlassungen auf der ganzen Welt, bestehen sie heute aus zwei oder drei Kapuzenträgern, die, den verspielten Regeln des Start-ups gehorchend, Hunderte von Millionen bewegen. Wer die Systeme lesen kann, kann auch mit ihnen arbeiten.

»Viele Menschen sind seit Kurzem begeistert von Biomimetik und biologisch inspirierten Gestaltungsprinzipien. All das verstärkt den Eindruck, dass unsere Welt von Systemen bespielt wird, die wir entdecken und bearbeiten können. Mein Interesse gilt der Welt des Selbstzusammenbaus, aber es gibt noch eine ganze Menge anderer Systeme!« Eine der großen Herausforderungen für zukünftige Kreative besteht darin, diese Systeme als Werkstoff für komplexe Gestaltungsprozesse zu begreifen.

»ES IST EIN UNGLAUBLICH AUFREGENDER WEG, DEN SYSTEMEN ZUZUHÖREN, SIE MACHEN ZU LASSEN, WAS SIE WOLLEN.«

KATIE SALEN

WIE EINE DESIGNERIN DIE SCHULE
IN EIN SPIELFELD VERWANDELT. UND DAMIT DAS
LERNEN DER ZUKUNFT ERFINDET.

KATIE SALEN

FÄHIGKEITEN FÜR DAS 21. JAHRHUNDERT.

FÄHIGKEITEN FÜR DAS 21. JAHRHUNDERT.

D as Spiel ist ein Schatz, den die Evolution uns geschenkt hat. Wie wenig anderes auf der Welt ist es geeignet, unsere Leidenschaft zu wecken und uns zur Raserei zu bringen. Die Intensität des Spiels, seine Spannung, Freude und Spaß, sind Qualitäten, die ihm ureigen sind. Wir gönnen es uns als Freizeitaktivität, zur Entspannung und trennen es so vom Alltagsgeschäft: zeitlich, indem wir erst nach Feierabend, nach der Schule oder der Uni die Fußballschuhe aus dem Schrank holen, den Gamecontroller anschließen oder die Schachfiguren aus der Kiste holen, aber auch geografisch: durch die Arena, das Brett oder ganz einfach das Spielfeld. In unserem Bewusstsein sind Ernst und Spiel dann auch zwei unterschiedliche Paar Schuhe.

Doch lässt sich die Unterscheidung tatsächlich so eindeutig treffen? Was wäre, wenn das Spiel in Wirklichkeit unser ganzes Leben beherrschte? Man stelle sich vor, dass unsere Institutionen, Unternehmen und Organisationen nur Spielfelder sind, auf denen wir nach geschriebenen und ungeschriebenen Spielregeln mit- und gegeneinander agieren, entwickeln und verhindern, flirten und intrigieren, wetteifern und aufgeben, uns qualifizieren und disqualifizieren, Belohnungen einheimsen und leer ausgehen, gewinnen und verlieren.

Dann stellt sich die Frage, warum wir uns nicht so fühlen, als würden wir unseren Alltag spielend verbringen. Ganz im Gegenteil: Warum sind so viele Menschen frustriert, unmotiviert oder zumindest unzufrieden? Möglicherweise weil die Spielregeln nicht stimmen, möglicherweise weil die Anreize falsch gesetzt werden, möglicherweise weil wir nicht gelernt haben, gute Mitspieler zu sein. Für Katie Salen ist diese Sicht auf die Welt mehr als nur ein Gedankenexperiment.

Sie hat eine unserer heiligsten Institutionen auf ihre innewohnenden Spielregeln untersucht: die Schule. Sie betrachtet sie als ein System aus Grenzen, Regeln und Spielern, also als eines der wichtigsten Spiele, die unsere Kinder jemals spielen werden. Nur dass es sich um ein miserabel gestaltetes Spiel handelt, wenn man Salen glauben will. Mit ihrer Schule Quest2Learn in New York zeigt sie, wie man den Raum der Schule nicht bloß als Raum der Lehre begreifen kann, sondern als Entdeckungs- und Möglichkeitsraum.

Dabei nutzt sie die Kraft des Spiels, seine Eigenschaften, zu begeistern und zu involvieren, nicht nur dazu, um jungen Menschen den Satz des Pythagoras, Platons Ideenlehre und Fitzgeralds *Der große Gatsby* nahezubringen, sondern auch um Fähigkeiten zu kultivieren, die nicht Teil des klassischen Schulstoffs sind. Ihre Schüler lernen zu kooperieren, ganzheitlich und vernetzt zu denken, Fehler zu machen und gestaltend an der Welt teilzunehmen. Sie erwerben all jene Fähigkeiten, die im 21. Jahrhundert wie in keinem Zeitalter zuvor relevant sein werden.

EINE SCHULE DES SPIELS.

Katie Salen ist Mitte 40, hat feuerrotes Haar und trägt schrullige Klamotten. Sie ist eine talentierte *Guitar-Hero*-Spielerin, und begegnet man ihr unterwegs, ist es nicht auszuschließen, sie mit einem Nintendo DS in Händen zu erwischen. Auf den ersten Blick könnte der Eindruck entstehen, Salen sei eine sehr vorsichtig gealterte Pippi Langstrumpf. Und tatsächlich hat diese Frau eine Mission, die zunächst etwas irre erscheint: Salen ist fest davon überzeugt, dass die Schule sich in Zukunft mehr wie das Spielen von Videospielen anfühlen muss, ja, dass sie einen Raum für fantastische Abenteuer werden kann. Wer würde so jemandem die Erziehung seiner Kinder anvertrauen? Oder gar die Revolutionierung des Bildungswesens?

Und doch tun genau dies ein paar Hundert Eltern, die ihre Kinder an Salens Schule des Spiels, der Quest2Learn, angemeldet haben. Rückhalt erhält die Schule nicht nur von den Eltern. Sowohl die Bill & Melinda Gates Foundation als auch die renommierte MacArthur Foundation pumpen regelmäßig Gelder in die ungewöhnliche Institution. Auch die Stadt New York hat dem Projekt ihren ausdrücklichen Segen gegeben, was mitunter zeigt, dass sogar die Politik auf der Suche nach Modellen ist, wie Lernen und Bildung in Zukunft besser funktionieren können.

Eine Heimat für »Digital Kids« ist das erklärte Selbstverständnis der Schule. Dahinter verbirgt sich nicht etwa die x-te Initiative, Klassenräume mit Laptops auszustatten. Katie Salen und eine Reihe von Erziehungsspezialisten ging es um die Frage, wie sich Lernprozesse für Schüler relevanter gestalten und gleichzeitig mehr mit der Welt außerhalb der Schule verbinden lassen. Kein Frontalunterricht und keine Auswendiglernerei – Quest2Learn hat sich dafür von vielem befreit, was der Schule im Allgemeinen als hoch und heilig gilt. Stattdessen beschloss man, die Grundlagen des Bildungswesen neu zu definieren. Neu, das war die Idee, die traditionelle Fächerstruktur zu sprengen und durch fächerübergreifende Strukturen zu ersetzen. Neu, das war auch, das Klassenzimmer nicht länger als Klassenzimmer zu begreifen, sondern als Kinderzimmer oder Spielplatz.

Doch wie kommt man eigentlich auf so eine Idee? Katie Salen kann auf eine lange Karriere zurückblicken, in deren Zentrum schon immer das Spiel stand. Als junge Frau war sie Profi-Volleyballerin, später schrieb sie ein Buch mit Spieledesigner Eric Zimmerman: *Rules of Play* – heute ein absolutes Grundlagenwerk zum Thema Spiel. Zwischendurch entwickelte sie ganz praktisch Spiele für die Einwohner ganzer Städte. Etwa eine Rallye in Minneapolis und St. Paul, bei der zufällig zusammengewürfelte Kleingruppen 25 Fuß hohe Mensch-ärgere-dich-nicht-Figuren durch die Straßen bugsierten.

Klick machte es schließlich an der Universität von Texas, als Salen begann, junge Menschen in den Grundlagen des Game-Designs zu unterrichten. »Es hat mich umgehauen, wie sehr die Studenten die Inhalte gepackt haben, als sie damit anfingen, Spiele zu eben diesen Inhalten zu entwickeln. Gleichzeitig gab es eine Reihe von Leuten aus dem Bereich der Erziehung, die Spiele als Lernräume begriffen. Mir wurde schnell klar, dass es eine deutliche Verbindung zwischen der Funktionsweise von Spielen und gutem Lernen gibt. Doch als Designer ist es für mich sehr wichtig, Dinge zu gestalten, sie aus der Theorie tatsächlich in die Praxis zu übersetzen. Mit der Schule in New York hatte ich die Chance, herauszufinden, wie digitale Medien, Lernen und Spiele in der Realität zusammenwirken.«

Um die Verbindung zwischen Spielen und Lernen näher zu untersuchen, gründetete sie zunächst eine wissenschaftliche Einrichtung: das Institute of Play. Zwei Jahre hat sie hier mit dem Erziehungswissenschaftler Robert Torres und einem kleinen Team aus Spiel- und Bildungsspezialisten an dem Plan für eine Schule laboriert. Ziemlich erfolgreich. Heute steckt die Quest2Learn im vierten Jahr und deckt die Klassen sechs bis neun ab. Dabei wächst die Schule mit ihren Schülern: Jedes Jahr gesellt sich eine neue Stufe dazu, bis man die 12. erreicht hat.

In den Klassenräumen der Quest2Learn kommen sowohl digitale als auch klassische Spiele zum Einsatz. Die Schüler lernen dabei die gleichen Dinge, die von Schülern anderer Schulen verlangt werden.

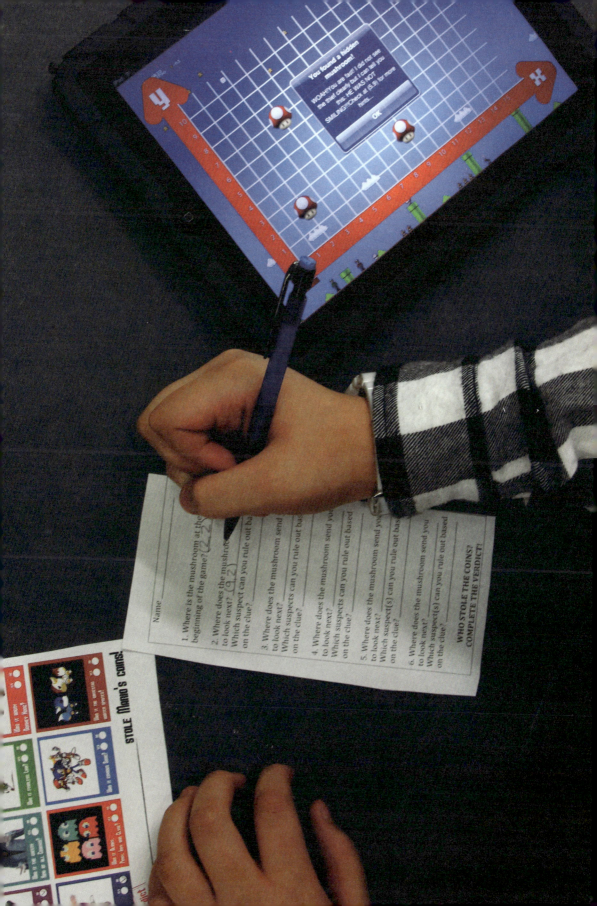

Das gemeinsame Entwickeln von Spielen fördert viele Fähigkeiten, die im 21. Jahrhundert wichtig werden: die Fähigkeit, zu kooperieren und Probleme auf kreative Art zu lösen, systemisches Denken genauso wie Empathievermögen.

Lernen an der Quest-2Learn wird mitunter zur physischen Erfahrung: Ein Mix aus Motion-Capture-Kameras, Projektoren und kabellosen Controllern wirft die Schüler in Spielszenarien, die den ganzen Körper miteinbeziehen.

Anhand selbst entwickelter Versuchsaufbauten entdecken die Schüler Grundprinzipien der Physik.

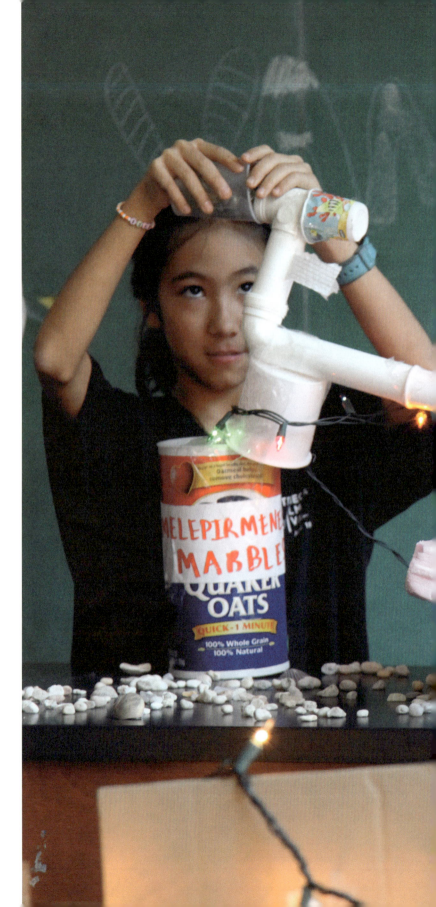

SPIELZEUG: VOM TEUFELSZEUG ZUM WERKZEUG.

Salen hat die Quest2Learn aus der Idee heraus entwickelt, der Lebenswirklichkeit junger Menschen gerecht zu werden. Und die sitzen in der Regel nicht in einem Ohrensessel, um gemütlich bei einer heißen Tasse Tee ein schlaues Buch zu lesen, sondern hocken vor ihren Rechnern und Videospielkonsolen. »Wie lange willst du denn noch vor der Kiste sitzen?« Die Frage, die Eltern heute täglich an ihren Nachwuchs richten, ist symptomatisch dafür, dass Spiele, speziell digitale, längst einen zentralen Platz im Alltag der Kinder einnehmen. Das hat einen unangenehmen Nebeneffekt: Je mehr Zeit die Kinder in das Spielen von Videospielen investieren, desto weniger Zeit investieren sie in ihre Hausaufgaben. Konservative Geister wittern hier reflexartig den Untergang des Abendlandes. Mehr noch: Kaum ein Tag vergeht, an dem das exzessive Spielen nicht als Ursache für Fettleibigkeit, Depressionen und bestimmten Formen von Demenz herangezogen, ein Gewaltspiel mit dem aggressiven Verhalten seiner Spieler in Zusammenhang gebracht wird.

Doch so einfach ist das nicht, sagen die Verfechter des spielbasierten Lernens. Sie gestehen zwar ein, dass Spiele nicht immer den Wertvorstellungen einer Mutter Theresa gerecht werden, doch oft entführen sie ihre Spieler auch in hochkomplexe Welten. Wer in Spielen wie *Civilization* den Menschen von der Steinzeit ins Zeitalter intergalaktischer Reisen geführt oder wie in *Spore* die ganze Evolution nachgespielt hat, hat eine leise Ahnung davon, wie Spiele heute die grauen Zellen auf Trab halten.

Mit dieser Beobachtung stehen die Erziehungsexperten nicht alleine da. Die Wissenschaft hält ihnen die passenden Steigbügel hin. Wenn es um das Einfangen und Halten von Aufmerksamkeit geht, laufen Spiele dem klassischen Unterricht locker den Rang ab. Dafür gibt es eine neurowissenschaftliche Erklärung. Spiele stellen den Spieler ständig vor neue Herausforderungen, deren erfolgreiche Bewältigung das Ausschütten von Dopamin zur Folge hat. Dopamin gehört zu den wichtigsten Neurotransmittern und ist Teil des gehirneigenen Belohnungssystems, weshalb man gerne von einem Glückshormon spricht. Dabei hat der Stoff eine wichtige Aufgabe: Er steuert unter anderem die Motivation und das Erinnerungsvermögen. Dopamin signalisiert dem Gehirn, dass es etwas zu lernen gibt: Im Spielmodus nimmt der Mensch Informationen mit dem gleichen Genuss auf wie Schokoladeneis. Mehr noch, die so verdauten Inhalte bleiben sogar länger haften. Der Neurotransmitter spielt nämlich auch eine bedeutende Rolle bei der Umsetzung vom Kurz- ins Langzeitgedächtnis.

Am Ende einer 10-wöchigen Lerneinheit wenden die Schüler das Gelernte an, indem sie eine komplexe Herausforderung meistern. »Boss-Level« nennt sich die Prüfung in Anlehnung an das Videospiel-Vokabular. Doch anders als normale Schultests macht dieser sogar Spaß.

Kein Wunder also, dass sich Kinder freiwillig und gerne durch die Level komplexer Spiele arbeiten. Sie verwandeln sich dabei wie von selbst in Forscher, die dem Spiel innewohnende Muster und Regeln erkunden, und in Strategen, die das, was das Spiel an Informationen liefert, direkt anwenden, um im Spiel voranzukommen. »Wenn wir wollen, dass Kinder sich dafür interessieren, wie man etwas macht, dann müssen wir in ihnen ein Bedürfnis nach Wissen provozieren. Spiele sind interessante Räume, um bedarfsorientiertes Lernen zu produzieren. Das Spiel hat quasi einen Sinn dafür, was man in jedem spezifischen Moment wissen muss. Es hält etwa eine Reihe von Werkzeugen, Ressourcen oder Informationen bereit, aber sie liegen außerhalb der Reichweite des Spielers, sodass er hart arbeiten muss, um sie zu gewinnen. Aber es sind immer Dinge, die sich auf den Problemkontext beziehen, an dem man sich im Spiel abarbeitet. Das ist eine Vorstellung von Lernen, von der wir wissen, dass sie Schülern hilft. Das unterscheidet sich von der üblichen Lernpraxis, Kapitel 13 im Mathebuch aufzuschlagen, um die Dezimalrechnung anzugehen.«

EIN SPIEL ZU LERNEN HEISST, SPIELEND ZU LERNEN.

Darum ist nahezu jeder Aspekt des Schullebens an der Quest2Learn den Spielen und deren Prinzipien entlehnt. So erhalten Schüler keine Noten, sondern erklimmen Stufen an Expertise. Statt der üblichen Skala von A bis E gibt es Auszeichnungen wie »pre-novice«, »novice«, »apprentice«, »senior« oder »master«. Hinter den Kulissen knobeln Lehrer gemeinsam mit Gamedesignern Unterrichtseinheiten aus, die Schüler in fantasievolle Paralleluniversen entführen. Zur Tagesordnung gehört deshalb, in die Rolle von Helden zu schlüpfen und Schurken das Handwerk zu legen.

Während die Schüler an anderen Schulen durch streng voneinander getrennte Disziplinen gejagt werden, lernen Schüler der Quest2Learn in interdisziplinären Veranstaltungen wie *Codeworlds* Mathe und Englisch gleichermaßen. Hier kommunizieren die Schüler zum Beispiel über das Internet mit einem Wesen von einem anderen Planeten, das ihnen mathematische Aufgaben stellt. Die Idee dahinter ist, Kindern zu zeigen, dass mathematische und grammatikalische Strukturen nichts anderes als Codes sind, die zu lesen sie lernen können.

Im Fach *The Way Things Work* wird explizit der Forscherdrang der jungen Menschen gefördert. Hier kann es schon mal passieren, dass die Schüler einem geschrumpften verrückten Wissenschaftler, der sich im menschlichen Körper verirrt hat, dabei helfen müssen, durch die körpereigenen Systeme zu navigieren und Erkenntnisse an ein wissenschaftliches Labor zurückzusenden. Die Schüler gewinnen so eine ganze Reihe an Einsichten in den menschlichen Körper und haben, anders als im klassischen Biologieunterricht, sogar Spaß dabei. Eine solche Mission dauert in der Regel zehn Wochen. Im Anschluss müssen sie eine Herausforderung bewältigen, in der all die Erkenntnisse zur Anwendung gelangen, die sie auf ihrer »Reise« gewonnen haben.

Die Prinzipien, die beim Lernen zum Tragen kommen, ähneln denen des sogenannten problembasierten Lernens, einer Methode, deren Ursprung in den Anfängen des 20. Jahrhunderts zu finden ist und zum ersten Mal von dem amerikanischen Philosophen und Pädagogen John Dewey formuliert wurde. Dieser spezielle Lernansatz konfrontiert Schüler mit komplexen Problemen, wobei der Lehrer nicht wie üblich das Lernpensum einfach vorkaut, sondern als einer von vielen Mitarbeitern auftritt. Er versteht sich als Unterstützer, der Kinder zum selbstständigen Entdecken, Gestalten und Zusammenarbeiten ermutigt. Der Gedanke dahinter ist einfach: Die Schüler sollen die Schule nach ihrem Abschluss als selbstverantwortliche junge Menschen verlassen, als Kapitäne ihres eigenen Lebens.

WELCHE FÄHIGKEITEN BRAUCHEN WIR EIGENTLICH?

Letztendlich ist die Gründung der Quest2Learn eng mit der Frage verwoben, welche Fähigkeiten heute erworben werden müssen, um in einer sich schnell ändernden, digital vernetzten Welt erfolgreich zu sein. Dabei geht es Salen nicht darum, die traditionellen Lernziele leichtfertig aufzugeben. »Die Inhalte basieren auf Dingen, die Schüler wissen müssen. Es beginnt bei Mathe, Englisch, Geschichte, Sozialwissenschaften und Kunst, aber da ist noch lange nicht Schluss. Es gibt eine Reihe von Dingen, von denen wir glauben, dass sie für Schüler im 21. Jahrhundert potenziell wichtig werden. Sie müssen etwa in der Lage sein, zu kollaborieren, gemeinsam komplexe Probleme zu lösen. Und zwar nicht, indem sie ein Problem lösen, das man ihnen vor die Nase gesetzt hat, sondern indem sie zunächst herausfinden, was das eigentliche Problem ist.«

Doch funktioniert dieser pädagogische Ansatz wirklich? Tatsächlich wird das Geschehen an der Quest2Learn mit Argusaugen überwacht. Das amerikanische Schulsystem sieht eine Vielzahl von Tests vor, durch die Schulen miteinander verglichen werden können – und die Ergebnisse der Quest2Learn sind überdurchschnittlich. So gewannen die Schüler unlängst eine stadtweite Mathe-Olympiade. Die Schule erfüllt also trotz ihres ungewöhnlichen Ansatzes alle staatlichen Regeln, die

KATIE SALEN

IM SPIELMODUS NIMMT DER MENSCH INFORMATIONEN MIT DEM GLEICHEN GENUSS AUF WIE SCHOKOLADENEIS.

vorgeben, was Kinder in der Schule zu lernen haben. Nur dass sie es motivierter tun und nebenbei noch andere Fähigkeiten entwickeln. Fähigkeiten, die in Zukunft immer wichtiger werden.

Wenn die Schüler heute Spiele entwickeln, verstehen und spielen können, dann schulen sie dabei ganz automatisch auch ihre analytischen Fähigkeiten. Anstatt sich an getrennten Einzelproblemen zu orientieren, trainieren sie das Denken in Mustern und dynamischen Strukturen. Kurzum, die Schüler entwickeln ein Verständnis für komplexe Systeme und deren Verhalten. »Systemisches Denken ist ein Werkzeug, das ihnen hilft, zu begreifen, wie unterschiedliche Komponenten zusammenspielen, die an einer bestimmten Situation oder an einem Problem beteiligt sind. Es gibt eine Reihe von Kompetenzen, die damit verknüpft sind, etwa die Fähigkeit, möglichst viele Perspektiven auf eine Sache einnehmen zu können.« Die Vorstellung, die Welt nach einfachen Ursache-Wirkungs-Prinzipien zu betrachten, hat sich dann genauso überlebt wie die Annahme, dass die Erde eine Scheibe ist.

Schon heute ist klar, dass die Schüler, wenn sie einst die Schule verlassen, auf eine Welt treffen, die sicher nicht ärmer, sondern reicher an großen Herausforderungen ist. Ob es um die Folgen der alternden Gesellschaft, um die Bekämpfung neuer Wirtschaftskrisen oder um Probleme geht, von denen wir heute noch nichts ahnen. Die zukünftigen Erwachsenen werden sich fragen müssen, wie es zu dieser oder jener Situation gekommen ist, und vor der Aufgabe stehen, Modelle zu entwickeln, die zu besseren Ergebnissen führen.

SPIELEND DIE WIRKLICHKEIT GESTALTEN.

»Die Schule ist um Herausforderungen herum strukturiert. Die Schüler arbeiten in interdisziplinären Kursen, um mit komplexen Problemen umzugehen. An Spielen ist aufregend, dass sie die Kreativität aktivieren: Die Schüler lernen, wie Designer zu denken.« Sie verbringen deshalb auch viel Zeit damit, ihre eigenen Spiele zu entwickeln. Mal basteln sie aus Karton und Klebefolie ein Brettspiel, mal erfinden sie ganze Computerspiele. Doch ganz gleich, ob die Schüler sich gerade in der alten oder digitalen Welt austoben, im Grunde geht es bei dem Entwurf eines Spiels um die Entwicklung eines dynamischen Systems, das von einer bestimmten Anzahl von Spielregeln bestimmt ist, in dem die Spieler mit Herausforderungen und Zielen konfrontiert, aber auch mit entsprechenden Belohnungen bei der Stange gehalten werden müssen, wie Salen in *Rules of Play* erklärt. Die Schüler bringen im Designprozess deshalb nicht nur ihre Fähigkeiten in Englisch, Kunst,

Mathematik und Programmieren ein, sondern auch ihr Einfühlungsvermögen: Sie lernen, wie sie mit spielerischen Mitteln ihre Mitschüler fesseln, involvieren und begeistern können.

Im Prinzip ist das Design eines Spiels eine Leistung, die durchaus vergleichbar mit der eines Architekten ist. Muss der doch bei der Planung seiner Gebäude auf vielschichtige Anforderungen von Mensch und Umwelt Rücksicht nehmen. An der Quest2Learn liegt deshalb großes Augenmerk auf der Entwurfsphase: Man baut Modelle, spielt damit, verwirft wieder und entwickelt neu. Das Training eben solcher Designprozesse stellt die jungen Gehirne flexibel auf die Zukunft ein. Damit ist auch klar, dass es letztlich nicht unbedingt auf das Endergebnis ankommt, sondern die stete Suche nach Alternativen und Möglichkeiten selbst ein wertvolles Ziel darstellt.

VOM WERT DES FEHLERS.

Beinahe beiläufig erlernen die Schüler dabei auch eine andere, intelligentere Einstellung zum Fehlermachen. »Viele Schulen strukturieren Probleme so, dass sie nur eine einzige Antwort zulassen. Und Schüler haben oft nur einen Versuch, die Lösung zu finden. Wir waren daran interessiert, mithilfe des Spiels das Scheitern zu einem positiven Wert zu machen. Wir sprechen in der Schule deshalb auch nicht vom Scheitern. Wir sprechen von Prototypen einer Idee oder vom Prototyp einer Lösung.«

Im Grunde kultiviert das Spiel die Beharrlichkeit des Spielers, das heißt den Willen, eine Idee auszuprobieren und dann Informationen darüber zu sammeln, ob die Idee eine gute oder schlechte Lösung für ein Problem ist. Ist es eine gute Idee, schreitet man im Spielverlauf voran, ist es eine schlechte, erhält man die Chance, es noch einmal zu probieren.

Oft ist es die Angst vor dem Fehler, die das Lernen hemmt, schlimmstenfalls blockiert. Wer sich die Tests an den heutigen Schulen vor Augen führt, weiß, dass für die meisten Schüler und Lehrer das Durchfallen ein Desaster ist. Aus eigener Erfahrung wissen wir: Das Fehlermachen in einer akademischen Umgebung ist deprimierend. Beim Spielen ist es ein Teil des ganzen Spaßes. Nicht mehr allzu fern sind Spiele, die reguläre Tests ersetzen können. Schüler, die ein Spiel, das etwa die Grundlagen der analytischen Geometrie unterrichtet, Level für Level meistern, beweisen ihre Fähigkeiten dann ganz einfach, indem sie das Spiel gewinnen.

Doch ganz gleich, für welches Problem eine Lösung gefunden werden muss, die Schüler bilden Teams, teilen sich die Arbeit und unterstützen sich gegenseitig. Salen ging es von Anfang an darum,

Strukturen zu gestalten, innerhalb deren das Bedürfnis entsteht, Informationen zu teilen. Wer ist bei dem neuen Projekt der Set-Designer, wer der Autor, wer der Regisseur? Die Rollenverteilung erlaubt den Schülern nicht nur, zu teilen, was sie wissen, sie zwingt sie sogar dazu. »Die Schüler unterrichten sich dann gegenseitig darin, wie man gewisse Dinge bewerkstelligt, weil sie verstanden haben, dass die entsprechende Expertise nicht nur bei einem Lehrer oder in einem Buch liegt, sondern auch bei den Klassenkameraden.«

Dabei ist die Herausforderung, in Gruppen zusammenzuarbeiten, mindestens so anspruchsvoll wie das Ableiten einer e-Funktion. Und anders als die Fähigkeit, e-Funktionen abzuleiten, gehört die Fähigkeit, zu kollaborieren, zu den Grundbedingungen der Arbeit unter modernen Bedingungen. Das durchschnittliche Klassenzimmer tendiert heute dazu, das individuelle Wissen des Einzelnen und nicht etwa das Teilen zu belohnen. Das hat den Effekt, dass Schüler ihr Wissen wie Drachen ihren Goldschatz hüten. Man kann das wohl am einfachsten während einer Klassenarbeit beobachten: Festungen aus Federmäppchen schirmen in der Regel die eigene Arbeit vor dem Blick des Nachbarn ab.

DIE BEFREIUNG DES SPIELS AUS DEM ASYL DER ZERSTREUUNG.

Die Schule des Spiels ist also eine Vorbereitung auf den »Ernst des Lebens«. Mit diesem Ernst kann heute natürlich nicht mehr die Welt der Strenge, Disziplin und Ordnung gemeint sein, sondern es geht um einen Spiel-Ernst, also die Begeisterung für das Experiment und die Hingabe zum kreativen Schaffen. Bildung nähert sich damit den Teilen der Gesellschaft, die schon immer von der lebendigen, schöpferischen Kraft des Spiels wussten, etwa der Kunst, dem Theater oder der Musik. Doch auch die Wirtschaft entdeckt langsam sein ungeheures Potenzial. Schuld an dieser Entwicklung ist der zunehmende Druck, der auf Unternehmen lastet. Wie kann man in hoch kompetitiven Märkten Innovationsleistungen steigern? Und wie kann man die besten Talente an sich binden, ein ideales Umfeld für sie schaffen?

Das Spiel hält viele Antworten auf diese Fragen bereit. Als eine Art Kultur der »Playfulness« bestimmt es schon heute die Räume unserer kreativsten Unternehmen. Playfulness, ein Wort, das sich nicht eindeutig ins Deutsche übersetzen lässt, bedeutet einerseits Verspieltheit, andererseits lässt es sich mit Munterkeit übersetzen. Unternehmen wie Google oder Pixar fördern explizit das spielerische Entwickeln, ja die Lust daran, mit Ideen zu spielen: Sie machen sich den Umstand zunutze, dass Arbeit, die eng mit Spaß, Freude und Leidenschaft verknüpft ist, zu besseren Ergebnissen führt.

Dabei geht es nicht um oberflächliche Gesten, etwa darum, Büros mit Rutschen und Bauklötzen auszustatten, wie es heute jedes Unternehmen macht, das sich mit einem freundlichen Gesicht präsentieren will. Wer das Spiel ernst nimmt, dem geht es um viel mehr, nämlich um die Fundamente der Organisation, die Arbeitsabläufe und das Miteinander. Das Beispiel Salen zeigt, dass Spieledesigner in Zukunft Schlüsselpositionen einnehmen können, wenn es gilt, die ehrwürdigen Unternehmensstrukturen aufzubrechen und neu zu gestalten. Auf diese Weise können Unternehmen entstehen, in denen nicht mehr Manager, Programmierer, Designer, Ingenieure arbeiten, sondern bestenfalls Berufsspieler auf dem Spielfeld des Managements, der Programmierung, des Designs und des Ingenieurwesens.

Diese schöne neue Welt des Spiels unterscheidet sich natürlich fundamental von der Welt der Unternehmen alten Schlages. Pocht in ihnen doch noch ein Herz aus dem 19. Jahrhundert, als strenge Kalkulation, Organisation, Planung und Sicherheitsdenken zu den Kardinalstugenden der Unternehmenskultur gehörten. Tugenden, die einst zuverlässig Größe und Wohlstand befeuerten, heute jedoch zu Hemmschuhen im Wettbewerb werden. Wir stehen an einer Zeitenwende, in der das Spiel der hehren Arbeit nicht mehr als Asyl der Zerstreuung gegenübersteht, sondern zu ihrer Grundvoraussetzung wird. Die Fähigkeit, zu spielen, ist womöglich die Primärfähigkeit im 21. Jahrhundert. Fangen wir deshalb an, sie zu kultivieren. Am besten natürlich spielerisch.

»AN SPIELEN IST AUFREGEND, DASS SIE DIE KREATIVITÄT AKTIVIEREN: DIE SCHÜLER LERNEN, WIE DESIGNER ZU DENKEN.«

HOD LIPSON

WIE EIN PROFESSOR FÜR ROBOTIK DIE
PRINZIPIEN DES LEBENS NACHBAUT. UND DAMIT
SELBST ZUM SCHÖPFER WIRD.

DER INGENIEUR DES LEBENS.

DER INGENIEUR DES LEBENS.

Hod Lipson ist einer der wichtigsten Ingenieure unserer Zeit. Mit seiner Arbeit wagt er sich in Bereiche vor, für die eine technische Sprache allein nicht ausreicht. Um die Motivation für sein Schaffen zu beschreiben, nutzt er deshalb Worte, die eher von einem Philosophen stammen könnten: »Wenn man sich die Geschichte der Menschheit vor Augen führt, gibt es darin ein wiederkehrendes Element, das von Anfang an im Spiel war. Es gab schon immer zahlreiche Mythen, Geschichten und Legenden über Leute, die versuchen, Leben aus Materie zu erschaffen. Seit Jahrtausenden gibt es dieses Streben und es ist fast eine religiöse Angelegenheit. Ich glaube, es hängt letztlich damit zusammen, dass der Mensch verstehen will, was es heißt, menschlich zu sein, und der beste Weg, etwas zu verstehen, besteht darin, es nachzubauen.«

Lipson ist Direktor des »Creative Machines Lab« an der Cornell University und einer der weltweit führenden Köpfe auf dem Gebiet der künstlichen Intelligenz und der Robotik.

Anders als viele seiner Kollegen befasst er sich jedoch nicht damit, einfache mechanische Apparate zu konstruieren. Ihn beschäftigen die Prinzipien des Lebens, der menschlichen Intelligenz und die Frage, was man daraus für die Zukunft der Maschinen lernen kann. Die Geräte, die dabei entstehen, durchbrechen die Grenze zwischen Maschine und Lebewesen. Wer sich einmal in der Tiefe mit Lipsons Schöpfungen auseinandergesetzt hat, weiß, dass wir ihm den Schlüssel zu einer neuen Form von Lebewesen zu verdanken haben. Neben den Familien der Pflanzen, Tiere, Pilze, Protisten, Bakterien und Archaeen wird es bald Nachwuchs geben. Lipson geht es nämlich nicht bloß um die oberflächliche Nachahmung lebendiger Formen, sondern um die verborgenen Schlüssel und Codes des Lebens selbst.

Da sich seine Forschung an der Biologie orientiert, arbeiten unter seiner Leitung zahlreiche Teams in verschiedenen Bereichen, die man den Teilaspekten des Lebens zuordnen kann. Darunter zum Beispiel die Fähigkeit, sich selbst zu vermehren oder sich selbst zu organisieren.

Lipson will das Zeitalter der »dummen« Maschinen verlassen; es geht ihm um die »Evolution der Dinge« und eine neue Generation von Robotern.

DAS SELBST-PRINZIP.

Hod Lipson selbst ist weit davon entfernt, Biologe zu sein. Sein Interesse ging anfänglich in Richtung Computer-aided Design, studiert hat er in Haifa, Israel, am renommierten Technion. »Ich wollte wissen, wie Maschinen bei der Automatisierung oder dem Designprozess helfen können.« Bevor er seinen Doktor machte, hatte er in einer Werft gearbeitet und den Ingenieuren dabei zugesehen, wie sie am Computer konstruierten. »Auf der einen Seite war das ein sehr kreativer Prozess, auf der anderen Seite konnten Computer dabei nicht auf eine wirklich sinnvolle Weise helfen. Sie waren wie ein automatisiertes Zeichenbrett, konnten aber keine Ideen generieren, konnten kein Feedback geben in der Weise, wie Menschen miteinander sprechen.«

Damals muss in Lipson die Idee gereift sein, den Maschinen etwas zu geben, das sie lebendiger macht. Auf die Frage, wie er seine Forschung heute beschreiben würde, antwortet er: »Alle Dinge, die mich interessieren, beinhalten das Wort ›selbst‹. ›Selbstzusammenbau‹, ›Selbstreflexion‹, ›Selbstrekonfigurierung‹, ›Selbstbewusstsein‹ – all diese Themen, bei denen Maschinen im Grunde selbsterhaltend sind.«

So schlägt er auch die Brücke zur Biologie: »Alles, worum sich die Biologie dreht, sind Systeme, die sich um sich selbst kümmern. Sie können sich im Laufe der Zeit anpassen. Es geht um Selbsterhaltung.«

In Lipsons Auseinandersetzung mit den grundlegenden Prinzipien des Lebens entstehen dann Maschinen, die sich auf wundersame Weise selbst replizieren, und solche, die eine frühe Form von maschinellem Bewusstsein haben. Und das in einer Zeit, in der die meisten Roboter immer noch statische Maschinen sind, die eine zuvor programmierte Aufgabe erfüllen. Maschinen, die Autos und iPads zusammenbauen oder Ordnung in die gigantischen Lagerhäuser von Amazon bringen. Maschinen, die gut zu kontrollieren sind und aus dem gleichen Grund zu beschränkt sind, kreativ auf die nur kleinste Abweichung innerhalb eines zuvor definierten Ablaufs zu reagieren.

Lipsons Geschöpfe sind anders. Da ihre Aufgabe nicht darin besteht, Dinge nach einem vorgefertigten Bauplan zusammenzubauen, ist auch ihr Design völlig anders. Zum Teil sehen sie gar nicht aus wie Maschinen, sondern wie halb fertiges Spielzeug. Erst wenn sie ihre Funktion ausüben, erkennt man den Sinn, der ihnen innewohnt. Dann bewegen sich übereinander gestapelte Klötze wie von Geisterhand, entkoppeln und verbinden sich magnetisch und wirken dabei wie seltsame mikroskopische Lebensformen. Teilweise werden Lipsons Modelle von Robotern nur noch im Rechner nachempfunden, weil es weniger um ihre konkreten physischen Fähigkeiten geht, sondern mehr um die Frage, ob sie komplexe intellektuelle Aufgaben in einem räumlichen Umfeld meistern können.

DIE EVOLUTION DER MASCHINEN.

Was Generationen von Wissenschaftlern vor Lipson nicht oder nur teilweise gelungen ist, haben er und sein Team im Jahr 2007 erreicht: eine Maschine zu konstruieren, die über eine einfache Form von Selbstreflexion verfügt. Oder um es dramatischer zu formulieren: eine Maschine mit einer einfachen Form von Bewusstsein. Ihr liegt ein Prinzip zugrunde, das geeignet ist, die Funktionsweise künstlicher Intelligenzen radikal zu verändern.

Die Maschine dazu heißt schlicht »Emergent Self-Model« oder freundlicher »Starfish«. Im Grunde besteht der einzige Zweck dieses außergewöhnlichen Roboters darin, über sich selbst »nachzudenken«, sich ein Bild von sich selbst zu machen.

Diesem philosophischen Anspruch steht die physische Form der Maschine diametral gegenüber. Sie ist mit nichts vergleichbar, was einem seriösen Labor je entsprungen ist. Im Gegenteil. Auf einem Gebiet, auf dem selbst die fortschrittlichsten Maschinen immer noch mit niedlichen Gesichtern vermenschlicht werden, wirkt Lipsons Konstrukt fremd und gefährlich. Es sieht aus wie ein außerirdischer Skorpion,

Lipson arbeitet am Nachbau unterschiedlicher Aspekte des Lebens. Dieser »Ornithopter« wiegt 3,89 Gramm und schwebt mit künstlichen Flügeln aus dem 3D-Drucker.

Auch das Prinzip der Selbstreplikation, also der Vermehrung, wird unter Lipson erforscht. Die beweglichen und mit Motoren ausgestatteten Elemente sind in der Lage, exakte Kopien von sich selbst herzustellen.

Wenn man die Prinzipien des Lebens auf die Welt der Robotik überträgt, entstehen Maschinen, die auf den ersten Blick fremdartig wirken. Erst wenn man seine Motoren anschaltet, bewegt sich »Nonaped« so natürlich wie ein Hund, auch wenn er ein Paar Beine mehr hat.

ein Objekt aus einem japanischen Horrorfilm, in der Mitte ein Torso aus Schaltkreisen, von dem aus sich vier gekrümmte Gliedmaßen nach außen hin verjüngen.

Aber wenn die Forscher um Hod Lipson ihrer Maschine per Knopfdruck Leben einhauchen, entfaltet sie eine in der Welt der Mechanik bislang unbekannte Form kinetischer Poesie. Ihre kurze Vita beginnt mit nicht viel mehr als einem unbeholfenen Zittern, aber sofort ergreift den Betrachter der Eindruck, dass hier mehr am Werk ist als bei der Arbeit eines gewöhnlichen Roboters aus der Fabrik. In dieser Maschine geht etwas Lebendiges vor sich, mit unsicheren Bewegungen tastet sie sich fragend an die Wirklichkeit heran.

Dieser Prozess ist das Herzstück von Lipsons Lebensform. Denn die zitternden Bewegungen der Maschine haben einen ganz konkreten Sinn: Sie dienen dem Roboter dazu, sich ein Bild von sich selbst zu machen. In 16 iterativen Schritten muss der Apparat herausfinden, wie er aufgebaut ist: wie viele Beine er hat, wie viele Gelenke und auf welche Weise diese miteinander verbunden sind. Dabei sammelt die Maschine Daten und beginnt auf diese Weise, ein Bild von sich selbst zu entwickeln. Man kann ihr dabei sogar zuschauen, denn die Ideen, die der Roboter dabei entwickelt, lassen sich als 3D-Modelle auf einem Monitor darstellen. So wird der intime Prozess einer digitalen Ich-Werdung für die Schöpfer sichtbar. Sie schauen dabei zu, wie der Apparat die eingehenden Daten interpretiert und in Form einfacher geometrischer Formen darstellt. So als würde sich die Maschine fragen: Bestehe ich aus drei oder aus vier Quadern? Sind sie fixiert oder mit drehbaren Gelenken verbunden? Runde um Runde errechnet sie neue Versionen von sich selbst, bis sie endlich Innen- und Außenbild in Übereinstimmung gebracht hat.

Das Geheimnis von Lipsons Konstruktion besteht also in der Dualität von mechanistischem Körper und reflektierendem Geist. Damit ist sie unserem eigenen Denkapparat nicht unähnlich. Denn auch wir kennen die Trennung von Aktion und Reflexion. Auf der einen Seite zum Beispiel den Zustand tiefer Versunkenheit, wenn wir uns einer mechanistischen Tätigkeit so hingeben, dass wir dabei die Welt um uns herum vergessen. Auf der anderen Seite den Zustand der Reflexion, den unser Gehirn unter reger Beteiligung des Bewusstseins herstellt. Lipson imitiert mit seiner Maschine somit einen der wesentlichen Aspekte der menschlichen Natur und kommt dabei zu erstaunlichen Ergebnissen. Zum ersten Mal hat man als Betrachter nicht den Eindruck, hier sei ein programmierter Sklave am Werk. Ganz deutlich spürt man, dass hier mehr passiert, etwas, das sich nicht nur auf den ersten Blick anfühlt wie Leben.

Diese mit Pulver gefüllte Hand kann besser greifen als viele mechanische Modelle, die sich sklavisch an die Nachbildung menschlicher Gliedmaßen halten.

Dies wird auch ersichtlich, sobald man der Maschine eine Aufgabe gibt: Bewege dich zum Ende des Tisches! Lipson selbst erklärt, dass man der Maschine keine vorprogrammierte Gangart mit auf den Weg gegeben hat. Die Frage, wie sie das Problem löst, kann sie nur im Rahmen ihrer Erkenntnisse über den eigenen Körper beantworten. Was dann passiert, ist ebenso erstaunlich wie unheimlich: Die Maschine entwickelt einen Gang, den sich kein Mensch hätte ausdenken können. Eines ihrer vier Beine nutzt sie, um damit Schwung zu holen. Sie reißt es in die Luft, schleudert es in Richtung des Ziels und wirft sich so Stück für Stück nach vorn. Dabei entsteht ein extravaganter Gang, der jedoch höchst effektiv ist. Hier ist etwas am Werk, das man sonst nur höheren Tieren zubilligt: Kreativität.

Lipsons Team treibt das Spiel weiter, indem es die wertvolle Maschine beschädigt. An einem der vier Beine entfernt man die untersten Glieder. Derart entstellt beginnt die Maschine abermals, sich ein Bild von sich zu machen, und kommt nach einigen Versuchen tatsächlich zu einem entsprechenden Ergebnis: Ihr fehlt da was am Bein. Weil die Daten, die durch die Sensorik übermittelt werden, von denen des ersten Gehversuchs abweichen, überarbeitet die Maschine ihre Strategie. Dabei entsteht ein Bewegungsablauf, der nicht immer zum Ziel führt. Denn zwischen der intellektuellen Konstruktion im Maschinenhirn und der neu definierten physischen Realität besteht keine ausreichende Übereinstimmung. Dafür müssten wahrscheinlich weitere Parameter in den Prozess eingebracht werden. Erstaunlich ist jedoch, dass gerade die fehlerhaften Strategien wiederum so natürlich wirken. Der Irrtum macht die Maschine lebendig, auch wenn der klägliche Gehversuch mit dem beschädigten Bein im Abseits endet.

METAKOGNITION. DIE GEHEIMNISVOLLE ZUTAT.

Was bedeuten diese ersten Gehversuche? Sie geben Aufschluss über einen der wichtigsten Aspekte bei der Konzeption künstlicher Intelligenzen. Das Stichwort heißt Metakognition und es beschreibt ein Prinzip, das einen gewaltigen Schritt für unsere heutigen Maschinen bedeutet.

Metakognition ist die Fähigkeit eines Systems, die eigenen kognitiven Prozesse zu beobachten und zu regulieren. Dazu gehören unter anderem die Beobachtung des Lernens, des Erinnerns, des Wollens, und des Glaubens. Im Prinzip geht es also um alles, was den Menschen ausmacht.

Indem die Maschine nicht nur mechanistisch ein Programm ausführt, sondern sich selbst in Relation zur Umwelt stellt, sich also selbst beobachten kann, eröffnet sich ein Universum an Handlungsmöglich-

Der »Starfish« getaufte Roboter ging als erste Maschine mit einem künstlichen Bewusstsein in die Geschichte der Roboter ein.

Der Roboter tastet sich in mehreren Schritten an ein präzises Bild von der eigenen Form heran.

Die Maschine bewegt die Gliedmaßen nach dem Zufallsprinzip. Dabei erhält sie Rückmeldungen aus der eigenen Sensorik. Diese fasst sie zu einer „Vorstellung" über sich selbst zusammen.

So werden ihr nach und nach Anzahl und Funktion der eigenen Gliedmaßen bewusst.

Nach insgesamt 16 Durchläufen hat die Maschine ein präzises Bild von ihrer Form. Erst so kann sie das eigene Innen- und Außenleben miteinander in Einklang bringen.

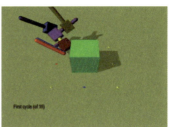

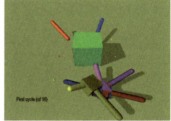

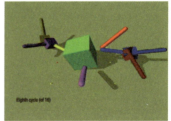

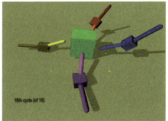

DER INGENIEUR DES LEBENS.

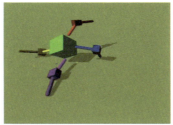

Bei seinen ersten Gehversuchen orientiert sch der Roboter exakt an den Vorstellungen, die aus seinem »Bewusstsein« stammen. Dabei entwickelt er einen Gang, den die Forscher nicht vorgegeben haben. So wird die Maschine selbst zum Objekt eines neuen Forschungszweigs.

Schöpfer und Schöpfung. Das Team, das den »Starfish« entwickelt hat: Josh Bongard, Victor Zykov und Hod Lipson.

»ALLE DINGE, DIE MICH INTERESSIEREN, BEINHALTEN DAS WORT SELBST: SELBSTZUSAMMENBAU, SELBSTREFLEXION, SELBSTREKONFIGURIERUNG, SELBSTBEWUSSTSEIN.«

keiten. Würde man einen Menschen beschreiben, würde man vielleicht von Freiheit sprechen. Und tatsächlich hat Lipson seine Schöpfung mit einem Grad von Freiheit ausgestattet, der größer ist als bei allen zuvor konstruierten Maschinen: weil sie ihre eigenen Reaktionen beobachten und beeinflussen kann, weil sie sich teilweise von ihrer eigenen Programmierung loslösen kann.

Das Aufregende an diesen Versuchen besteht also auch darin, dass sie wesentliche Fragen der menschlichen Existenz berühren: Was ist Freiheit? Warum bin ich so, wie ich bin? Könnte ich mehr sein, als ich bin, wenn ich mehr über mich wüsste?

Dies unterscheidet Lipsons Maschinen von all ihren Vorläufern. Es sind keine einfachen Werkzeuge, sondern Maschinen, die im Laufe ihres kurzen Lebens einen eigenen Sinn entwickeln.

EINE NEUE GENERATION VON WERKZEUGEN.

Aber was soll das alles? Warum brauchen wir diese neue Generation von Werkzeugen? Welchen Sinn soll es haben, dass eine Maschine mehr macht, als man ihr sagt, über den Horizont ihrer vorgegebenen Programmierung hinausgeht? Einerseits wird sie komplizierte Aufgaben kreativer, also besser lösen können als ihre beschränkten Vorfahren. Vor allem in Umgebungen, in denen sie auf sich allein gestellt funktionieren muss. Aber es gibt noch einen weiteren Grund für diese neue Art von Maschine. »Ich denke, einer der Schlüssel – und das ist wohl meine Hypothese – ist, dass Menschen Dinge lieber haben, die ein bisschen geheimnisvoll sind, deren Funktionsweise sie nicht verstehen. Wenn man weiß, wie ein Roboter funktioniert, hat er nichts Geheimnisvolles. Aber wenn man nicht genau weiß, wie ein Roboter funktioniert, wenn man sieht, wie er sich bewegt, man selbst ihn aber nicht programmiert hat, ihn nicht gebaut hat, dann hat er ein lebensechtes Element in sich, weil man wie im wirklichen Leben die innersten Arbeitsweisen nicht wirklich versteht.«

Lipson verweist noch einmal auf sein Geschöpf, dessen Inneres voller Rätsel steckt. »Oder zum Beispiel dieser Roboter, der gelernt hat zu gehen, obwohl niemand ihn dafür programmiert hat. Es gibt niemanden dahinter, der seine Bewegungen ganz gezielt choreografiert hat. Die Tatsache, dass er das selbst gelernt hat, macht ihn ein bisschen geheimnisvoller. Und ich denke, das macht es ein bisschen leichter, Gefühle für ihn zu entwickeln. Das ist meine Hypothese. Ich denke, je komplexer die Maschinen werden und sich weiterentwickeln, desto weniger werden wir verstehen, wie sie funktionieren. Und deshalb werden sie den biologischen Geschöpfen ein bisschen ähnlicher werden, bei denen wir ja auch nicht genau wissen, wie sie funktionieren und was sie denken.«

Für die Zukunft werden wir uns also auf Maschinen einstellen müssen, die so rätselhaft sind wie wir selbst. Sie sind ein logischer Schritt in der Evolution der Dinge.

Lipson und seine Teams haben sich die Definitionen biologischen Lebens nicht ohne Grund zum Vorbild für ihre Arbeit genommen. In einzelnen Bereichen gelingt ihnen dieses Vorhaben bereits. Auf die Frage, ob er die Felder irgendwann einmal zusammenführen wolle, antwortet er: »Absolut. Das war immer mein Plan. Und er ist es auch heute noch. Aber in dem Maße, wie ich älter werde, sehe ich dieses ultimative Ziel in die Ferne rücken, denn es gibt so viele Teile, die noch gemacht werden müssen.«

Aber sollte es einmal gelingen, sie untereinander zu kombinieren, so bliebe uns Menschen nichts anderes übrig, als staunend zu konstatieren: Diese Maschine lebt! Sie denkt, sie fühlt, sie vermehrt sich und sie kümmert sich um sich und ihre Nachfahren. Dabei wird sie ähnlich wie ihr Urahn, der seltsame Skorpion aus dem Labor, Strategien entwickeln, deren Sinn uns verborgen bleibt und die selbst erst zum Gegenstand einer neuen Wissenschaft werden müssen.

Man muss dabei keine apokalyptischen Visionen vorzeichnen. Man stelle sich nur einmal einen staubsaugenden Roboter vor, der seinen Kindern beibringt, wie man die Wohnung seines Besitzers sauber hält. Die gesellschaftlichen Konsequenzen einer solchen Revolution der Dinge kann man sich kaum oder nur zu bunt ausmalen. Hod Lipson hat sie entfacht. Und er hält für den Beruf des Ingenieurs dann auch eine Vision parat, die deutlich vom kühlen Mechaniker abweicht und eine neue, ganz menschliche Facette aufzeigt: »Ich glaube, die Rolle des Ingenieurs wird mehr wie die von Eltern werden als die eines Konstrukteurs. Wenn man seine Kinder großzieht, konstruiert man sie ja auch nicht, gibt ihnen nicht genau vor, wie sie funktionieren sollen, aber was man tun kann, ist, sie bestimmten Erfahrungen auszusetzen, diese Erfahrungen zu gestalten und dadurch ihr Verhalten zu beeinflussen und so weiter. Und ich glaube, der Beruf des Ingenieurs wird mehr so sein. Mit anderen Worten: Wenn eine Maschine etwas Bestimmtes ausführen soll, wird es eher darum gehen, ihr etwas beizubringen, indem man sie den passenden Erfahrungen aussetzt, anstatt alles von Grund auf neu zu konstruieren.«

» DIE ROLLE DES INGENIEURS WIRD MEHR WIE DIE VON ELTERN WERDEN ALS DIE EINES KONSTRUKTEURS. «

ANDERS WILHELMSON

WIE EIN ARCHITEKT MIT EINER KLEINEN
PLASTIKTÜTE EINES DER GRÖSSTEN PROBLEME
DER DRITTEN WELT LÖST.

ANDERS WILHELMSON

DER ARCHITEKT SOZIALER STRUKTUREN.

DER ARCHITEKT SOZIALER STRUKTUREN.

Die Stadt ist ein sozialer Organismus, der lebt, atmet und produziert. Ihr Gewebe konzentriert die Bevölkerung, verteilt und ordnet sie, um bestenfalls ein gedeihliches Leben und Zusammenleben herzustellen. Es geht um alle Lebensbereiche: Wohnen, Arbeiten, Konsumieren, Kommunizieren und Fortbewegen. Die Organe dieses Stadtkörpers haben deshalb vielgestaltige Aufgaben. Sie stellen Wohnraum und Straßen, ernähren Familien, entsorgen Abfälle, pflegen die Kranken, erfüllen Wünsche, locken Unternehmen an, bekämpfen Kriminalität, schützen Individuum und Besitz, produzieren Güter, ja, verteilen Glück und Zukunft. Dass sich die vielen Teile und Flüsse zu einem funktionierenden Ganzen zusammenfügen, gleicht einem wundersamen Balanceakt. New York, Paris oder Stockholm sind Beispiele dieses Gelingens.

Doch was, wenn dieser Balanceakt misslingt? Dann schrumpft der Organismus, um am Ende zu verdorren. Oder er wuchert wild und es entstehen Areale, die nur noch rudimentär funktionsfähig sind. Slums heißen diejenigen Gebiete, deren Bewohner die Stadt im Grunde aufgegeben hat. Ein Phänomen, das wir heute in vielen Megastädten der Welt beobachten. Mumbai, Mexico City und Bombay sind Beispiele für Städte, die den zunehmenden Bevölkerungsströmen nicht mehr adäquat begegnen können. Für die ansässige Ober- und Mittelschicht sind die Slums Schandflecken, die es mit Abrissbirne und Planierraupe auszumerzen gilt. Und für ihre Einwohner sind sie schwierige, gefährliche Lebensräume, in denen Kriminalität, Gewalt, Hunger, Krankheiten, Arbeitslosigkeit, Armut und Drogen grassieren.

Der Architekt Anders Wilhemson hat sich tief in die sozialen Strukturen der Slums hineingewagt. Nicht um ihnen mit hart durchgreifender Stadtplanung oder kühnen architektonischen Visionen zu Leibe zu rücken. Im Gegenteil, sein Entwurf lässt sich nicht in Metern, allenfalls in Zentimetern bemessen, er kommt nicht im schillernden Gewand eines cleveren Bauwerks daher, sondern in Form einer Erfindung, die diskret, fast unsichtbar ihre Wirksamkeit entfaltet. Tatsächlich braucht Wilhelmson nicht mehr als eine Tüte, um tiefe Veränderungen in den Vierteln der Armen anzustoßen. Eine Tüte, in der Überlegungen stecken, die komplexer sind als die in einem Wolkenkratzer, Auto oder Smartphone.

DER ARCHITEKT SOZIALER STRUKTUREN.

WILLKOMMEN IN MUMBAI.

Dharavi liegt mitten in der Millionenstadt Mumbai. Das Viertel ist ein Labyrinth aus Gassen und Wellblechhütten. Eine sechsköpfige Familie lebt hier auf 20 Quadratmetern. Viele betreiben hier direkt ihre Werkstätten, in denen man Leder verarbeitet, Stoffe färbt und Schmuck fertigt. Millionen Menschen sind in den letzten Jahren in die indische Metropole geflohen, Menschen auf der Suche nach Arbeit und Wohnraum. Aus Mangel an bezahlbaren Unterkünften erwuchsen Viertel wie dieses, in denen sich die Bewohner kleine Behausungen aus dem Material bauen, das sie dort vorfinden.

Die meisten Slums entstehen in Staaten, die sich aus kolonialer Besatzung, ökonomischer Isolation und politischer Anarchie heraus entwickeln. Slums findet man deshalb heute auch nicht in den westlichen Industriestaaten oder Japan. Das größte Problem der Städte ist das Land. »Strukturveränderungen auf dem Land zwingen die Menschen in die Stadt. Es zieht sie nicht dahin, sie werden in die Stadt gedrückt. Das ist oft der einzige Ort, an dem sie leben dürfen«, erklärt Wilhelmson. Fünf Jahre lang erforschte er das Wachstum dieser informellen Siedlungen in den Ländern der Südhalbkugel, zuletzt in Mumbai.

Hier schob sich der Architekturprofessor mit seinen Studenten durch die engen Gassen, zwängte sich schließlich in eine der improvisierten Wellblechhütten. »Wir brauchen hier keine Architekten«, erklärte die Bewohnerin mit dem Stolz eines Menschen, der zwar nicht viel besitzt, aber dennoch über das Vermögen verfügt, selbst für ein Dach über dem Kopf zu sorgen. Wilhemson glaubte ihr aufs Wort. Neben den vier Wänden waren sogar Strom, Herd und Wasser vorhanden. Im Grunde gab es nur ein Problem, dem die Frau machtlos gegenüberstand: die hygienischen Zustände.

Kein Einzelfall. In den Armenvierteln von Mumbai kommen auf eine öffentliche Toilette 500 Einwohner. Toiletten, die oft unerträglich verschmutzt sind. Insbesondere Frauen sind von der prekären Situation betroffen. Sie trinken wenig und halten ihre Notdurft so lange wie möglich zurück. Die Folgen sind absehbar: Infektionen, Nierensteine und Verstopfung. Ihr Geschäft erledigen sie nach Einbruch der Dunkelheit oft in irgendeiner Ecke nahe ihrer Unterkunft. Als wäre die Lage nicht entwürdigend genug, müssen sie stets mit Vergewaltigern rechnen, die hier nachts ihr Unwesen treiben.

Doch die sanitäre Praxis hat noch katastrophalere Auswirkungen. Die Kombination aus Hitze, Abfällen und Fäkalien bildet das ideale Klima für giftige Keime und Bakterien. Wasser, soweit vorhanden, ist kontaminiert. Infektionen breiten sich mit unglaublicher Geschwindigkeit aus, sodass Typhus und Diarrhöe die Tagesordnung bestimmen. Der Mangel an Ärzten tut sein Übriges und schraubt die krankheitsbedingte Sterberate in schwindelerregende Höhen. In den Entwicklungsländern gehen 80 Prozent aller Krankheiten und 25 Prozent aller Todesfälle auf durch menschliche Exkremente kontaminiertes Wasser zurück.

In den Slums der Megastädte herrschen katastrophale Zustände. Der Mangel an sanitären Anlagen befördert Krankheiten und Epidemien.

EIN AUSFLUG IN DIE ARCHITEKTURGESCHICHTE.

Was kann ein Architekt hier eigentlich ausrichten? Tatsächlich entwickeln Baumeister seit Tausenden von Jahren Variationen der immer gleichen Lösung. Schon die Sumerer in Mesopotamien hatten im 3. Jahrtausend v. Chr. in ihren Wohnräumen Toiletten. Rohre transportierten die Fäkalien in ein Kanalisationssystem, das ans Meer angeschlossen war. Später, um 600 v. Chr., konnte Rom mit der Cloaca Maxima eines der fortschrittlichsten Abwassersysteme der Welt vorweisen. Der Kanal führte die Abwässer Roms unterirdisch in den Tiber und von dort aus in das offene Meer.

Doch das antike Wissen um den Zusammenhang zwischen Hygiene und Gesundheit ist im Europa des Mittelalters verschütt gegangen. Als Folge suchten Epidemien die Städte heim. Die Ursachen und Symptome waren denen der heutigen Slums nicht unähnlich. In den Städten bil-

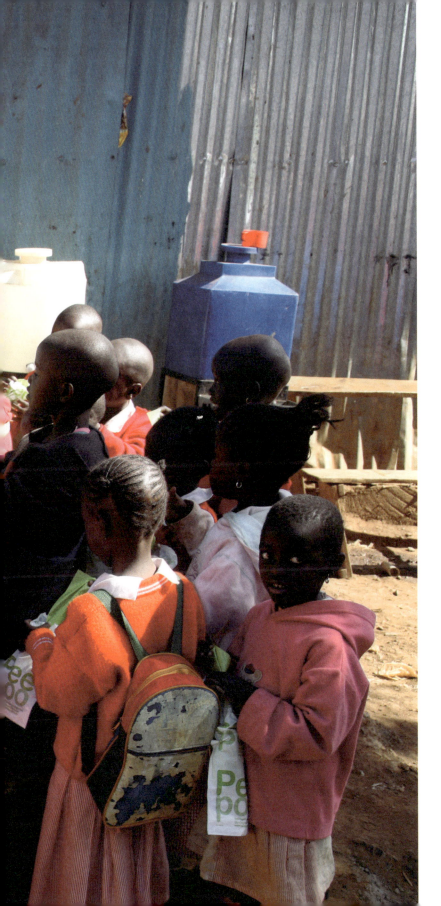

Eine Tüte soll die hygienischen Zustände für immer verändern. Für den Vertrieb sorgt ein Netz aus Mikro-Entrepreneuren, die gleichsam über den Umgang mit den Exkrementen aufklären.

Das Unternehmen Peepoople unterhält eine Vielzahl an Sammelstellen, bei denen die einmal gebrauchten Tüten zurückgegeben werden können.

Hinter der »Peepoo« verbirgt sich eine schlaue Produktarchitektur: Die Tüte nimmt die menschlichen Exkremente auf, entschärft die Keime, und einmal vergraben, verwandelt sie diese in einen hochwirksamen Dünger.

deten Abflussrinnen in der Mitte der Straßen die einzige Abwasserentsorgung. Die Notdurft wurde aus Nachttöpfen auf die Straße gekippt. Das Schmutzwasser vermengte sich mit Trink- und Brauchwasser. Seuchen wie Cholera, Ruhr, Typhus oder die Pest waren programmiert. Zwischen 1347 und 1532 raste dann auch eine der größten Pestwellen über Europa und raffte ein Drittel seiner Bevölkerung dahin.

Erst im 19. Jahrhundert erkannten die Menschen, dass die Entsorgung des Abwassers zu einer der dringlichsten Aufgaben der Stadtentwicklung gehörte. Infolgedessen entstanden die ersten modernen Abwassersysteme. Direkte Nachfahren der antiken Konstruktionsideen.

Doch war das eine Bautradition, die in den schnell wachsenden Slumgebieten wirksam werden konnte? Eine illusorische Idee. Wer war bereit, die entsprechenden Milliarden zu investieren? Flossen tatsächlich einmal Gelder in den Ausbau eines Abwassersystems, kamen sie den wohlhabenden Vierteln Mumbais zugute. Die Mittel der Vergangenheit haben sich als stumpfe Waffe gegenüber den hiesigen Verhältnissen erwiesen.

Für den einen entmutigende Aussichten, für Wilhelmson eine komplexe Herausforderung. Schließlich ging der Schwede mit seinen Studenten eine Wette ein: Er wollte schneller eine Lösung finden als sie. Dann machte er sich an die Arbeit.

DER MANN FÜR KOMPLEXE FÄLLE.

Schon früh während seines Studiums wurde Wilhelmson als Außenseiter gehandelt. Seine Entwürfe passten einfach nicht in die Vorstellung davon, wie ein Gebäude auszusehen hatte. Aufenthalte in Deutschland ließen in dem jungen Mann mit den langen Haaren eine erste Ahnung davon aufkeimen, welche Bedeutung ein Architekt außerhalb der Idee vom »Häuslebauer« haben kann. »Ich habe mein Architekturstudium in den Siebzigern absolviert und bin in die Kunstszene geschlittert. Da gab es die amerikanische abstrakte Kunst, die natürlich den kalten Krieg gegen die russische gewinnen wollte. Aber in Deutschland war eine spezielle Kunstszene zu Hause, die politischer geprägt war. Und die konzentrierte sich um Joseph Beuys in Düsseldorf. Wenn man dort in Europa sein wollte, wo es zur Sache ging, musste man in diese Stadt gehen. Das war der Ort, an dem ich zu der Einsicht kam: Architektur ist Politik.«

Nach ein paar Zwischenstationen in den unterschiedlichsten Architekturbüros gründete er schließlich sein eigenes. Lukrative Aufträge folgten, vor allem Projekte, mit denen sich Wilhelmson den Ruf als Spezialist für komplexe Herausforderungen erarbeitete. Die Stadt Kiruna war ein solches Kaliber. Kiruna liegt nördlich des Polarkreises und zählt damit zu Schwedens nördlichsten Städten. Um 1900 haben sich die ersten Siedlungen um eine Eisenmine geschart. Und die wird den rund 18.000 Einwohnern heute zum Verhängnis. Durch den fortschreitenden Abbau unter Tage stehen die Stadtteile darüber zunehmend auf wackligem Boden und werden im Ernstfall zu Todesfallen. Also standen die Bürger vor der Wahl, entweder den Abbau des Erzes aufzugeben, was den sicheren Tod für die Stadt bedeuten würde, oder diese eben zu verschieben. Man entschied sich für den Umzug und für Wilhelmson als obersten Umzugsplaner. Fünf Kilometer nordwestlich davon laboriert der Architekt an einer Neufassung Kirunas: vom Umriss über die Infrastruktur bis hin zum gesamten Umsiedlungsprozess. Viele der alten Holzhäuser aus dem Stadtzentrum und größere Gebäude wie das Rathaus sollen möglichst im Originalzustand bleiben. Wilhelmson weiß, dass das Wohl und Wehe der Sache auch mit der Frage zusammenhängt, wie viel Identität herübergerettet werden kann.

Akademisch machte Wilhelmson Karriere, indem er sich mit einem Nischenthema seiner Zunft befasste. Schon immer war der Architekt nicht nur von Räumen, sondern auch von den Rechtsansprüchen fasziniert, die sich um diese Räume drehten. Wer hat Zugang zum Raum? Wer nicht? Und warum nicht? Vor allem interessierte ihn die Herausforderung der Slums, informelle Siedlungen, die in einem Raum ohne eindeutige Rechtssituation wucherten. Seine Forschungen brachten ihm schließlich den Lehrstuhl an der Royal Academy of Fine Arts ein. Dort angekommen, machte er sich erst mal an den Grenzen des eigenen Raums zu schaffen und öffnete seine Architekturkurse für Literaten und Künstler. Seinen Studenten predigte er vor allem eins: das Reisen. In der Praxis baute er deshalb eine neue Reiseinitiative auf, die den Nachwuchs in 40 Ausflügen durch die Städte dieser Welt scheucht. Kein Wunder also, dass er mit den jungen Leuten auch in Mumbai landete.

AM NULLPUNKT DER ARCHITEKTUR.

Die Ansprüche seines neuen, möglicherweise wichtigsten Projekts überhaupt waren immens. Die Lösung für die Hygieneprobleme in den Slums musste flexibel, einfach und skalierbar sein. Außerdem durfte sie den Verbraucher nicht viel kosten. Wenn er etwas wusste, dann dass er hier mit Zirkel, Winkelmaß und Bleistift nicht weiterkam. Also entledigte sich Wilhelmson des Werkzeugkastens seiner Profession und besann sich auf die Primärbegabung, die einen Architekten womöglich zu einem großen Baumeister macht: die Fähigkeit, die soziale Wirklichkeit zu begreifen und neu zu formen.

ANDERS WILHELMSON

DER CLOU: DIE TÜTE SCHAFFT SICH SELBST AUS DER WELT.

Und die stellt sich überall auf der Welt anders dar. Zwar essen und trinken die Menschen, ganz gleich, wo sie wohnen, erledigen ihre Notdurft und schlafen miteinander, doch Raum, Klima und Kultur führen eben in Mumbai zu ganz anderen Ergebnissen als in Beverly Hills. Selbstverständlich kann auch ein Architekt an den Grundbedürfnissen der Menschen nichts ändern. Aber er kann versuchen, sie neu zu kanalisieren, sodass sie zu einem funktionierenden, ausbalancierten Ganzen führen.

Wilhelmson setzte sich schließlich an den Schreibtisch, durchforstete Forschungsergebnisse, telefonierte, sprach mit Experten vom Institut für Agrarwissenschaften in Uppsala und dem Royal Institute of Technology in Stockholm. Der Architekt arbeitete, bis er endlich wusste, dass er den Schlüssel für eben diese Veränderungen in den Händen hielt: eine Tüte. Auf den ersten Blick eine banale Lösung, auf den zweiten eine Idee, die jede Menge Hightech, andererseits tiefe Überlegungen darüber offenbart, wie sich ein Produkt perfekt in ein Ökosystem einfügen kann.

Die Peepoo, wie er seine Erfindung nannte, ist länglich gestreckt und wiegt weniger als zehn Gramm. In ihrem Inneren verbirgt sich ein breiteres, gefaltetes Gewebe, das wie ein Einlauftrichter funktioniert und bei Gebrauch den Kontakt mit den Exkrementen verhindert. Im Inneren des unteren Teils gibt es einen kleinen Beutel mit Harnstoffpulver. Der Harnstoff dient als Hygienemittel und vernichtet alle Erreger im Kot innerhalb von zwei bis vier Wochen. Der Clou: Die Tüte schafft sich und ihren Inhalt quasi selbst aus der Welt. Die Hülle besteht nämlich aus *Ecovio*, einem Material, das die Tüte vollkommen kompostierbar macht. Einmal vergraben, lösen sich das Bio-Polymer und die Exkremente auf. Dabei wird Ammoniak freigesetzt, ein harmloser, aber hocheffektiver Dünger. Deshalb ist die Peepoo etwa für Bauern eine erschwingliche Lösung, nährstoffarme Böden zu bewirtschaften.

VOM TESTFELD BIS ZUR MASSENPRODUKTION.

Viele Fragen kann man dagegen nicht vom Schreibtisch aus beantworten. Etwa die Frage nach der Implementierung in den unterschiedlichen Kulturen. Wie wird die Toilette von Moslems aufgenommen? Wie von Hindus? Und wie von Christen? Die Antworten auf all diese Fragen musste man mühselig in Pilotprojekten herausfinden.

»Die Toilette musste für eine Menge Länder adaptierbar sein – für die Menschen mit ihrer Art, ihr Geschäft zu verrichten, ihrer Art zu leben. Also haben wir die Tüte überall auf der Welt getestet: Tatsächlich nehmen Moslems in Bangladesch die Peepoo genauso an wie

Nomaden in Somalia.« Im Grunde verblüffend, führt man sich etwa die Tatsache vor Augen, dass in muslimisch geprägten Ländern wie Bangladesch der Umgang mit Fäkalien tabuisiert wird. Ein Testversuch mit hundert Slumbewohnern ergab, dass sie mit den gefüllten Beuteln genauso ungeniert umgingen wie mit normalem Hausmüll.

Die Bethel-Schule in Gatwekera zählt zu den ersten Institutionen, die mit der Peepoo beliefert werden. Zuvor besaß die Schule zwei Latrinen, die von Lehrern und Schülern gleichermaßen genutzt wurden. Man hatte jedoch Schwierigkeiten, die Toiletten sauber zu halten, und nahm das Angebot der Tüte deshalb dankbar an. Seitdem gingen die Diarrhöe-Fälle unter den rund 200 Schülern drastisch zurück. Mehr als das. Auf dem Schulhof wurde ein Garten angelegt, in dem die gebrauchten Peepoos als Dünger dienen. Die Lehrer und Schüler ernten hier nun Grünkohl und Spinat, der dann in der Mittagspause serviert wird. Die Pädagogen versorgen damit gleichzeitig ihre Familien.

Es gibt inzwischen zahlreiche solcher Erfolgsgeschichten und Anders Wilhelmson will noch viele weitere davon schreiben. Um das Antlitz der Welt zu verändern, hat er das Unternehmen Peepoople ins Leben gerufen und Karin Ruiz als CEO angeheuert. Ruiz war vorher im Management von Unternehmen wie Capio und Invest Sweden tätig, für Tetra Pak baute sie das Geschäft in Asien aus. Wie Wilhelmson begreift auch sie die Slums als Markt, den man als Unternehmen bedienen kann oder sogar muss.

Peepoople experimentiert deshalb mit verschiedenen Geschäftsmodellen. Wurden die ersten Tests noch von Oxfam und der Deutschen Gesellschaft für Internationale Zusammenarbeit (GIZ) finanziert, so soll das Unternehmen langfristig unabhängig von Spendengeldern agieren können. Grundvoraussetzung dafür sind jedoch Erkenntnisse darüber, wie Mensch, Umgebung und Tüte optimal zusammenspielen, ja, wie sich das Produkt perfekt in die Kultur vor Ort einfügt. Man hat es mit radikal anderen Märkten als im reichen Westen zu tun. Wer hier reüssieren will, muss mehr bieten als nur ein intelligent gedachtes Produkt.

Silanga Village ist der Ort, an dem die Peepoo als Erstes getestet wurde. Das Areal in Kibera ist Afrikas zweitgrößtes städtisches Slumgebiet und Heimat von 20.000 Menschen. Und wie in den meisten Slums dieser Welt gibt es einen Mangel an sanitären Einrichtungen. Heute wird die Peepoo hier täglich verkauft, benutzt und wieder eingesammelt. Dabei sind eine Reihe von Arbeitsplätzen entstanden. Projektmanager, Verkäuferinnen, Käufer und Unternehmer profitieren von der Peepoo. Die Toilette erreicht hier täglich 4500 Käufer und verbessert die Gesundheit und Lebensqualität, aber auch das soziale Miteinander. »Dank der Toilette nimmt die Zahl der Vergewaltigungen junger Kinder ab. Genauso wie ethnische Konflikte. Ich bin glücklich darüber, dass etwas so Einfaches wie eine Toilette einen so großen Teil unserer Lebensqualität ausmacht.«

DAS UMFELD DIKTIERT DAS GESCHÄFTSMODELL.

Die zahlreichen Feldversuche sind notwendig. Schnell geraten Ideen ins Stocken, wenn sie mit der Wirklichkeit der Slums in Berührung kommen. Wilhelmson geht es darum, den Kontext, die Situation, das Terrain in der unternehmerischen Praxis genau zu erfassen, um sein Geschäftsmodell aus den lokalen Anforderungen heraus zu entwickeln.

Was kauft etwa ein Mensch, der in der Regel nicht mehr als ein bis zwei Dollar am Tag zur Verfügung hat? Das zum Leben Notwendige. Preissensibilität ist dabei ein absolutes Muss. Genauso wie die Qualität des Produkts. Wie auf kaum einem anderen Markt schauen die Menschen hier auf das Preis-Leistungs-Verhältnis. Die Peepoo ist deshalb sehr sensibel kalkuliert: Drei Cent kostet die Toilette. Darin enthalten ist ein Cent Pfand, den der Konsument erhält, wenn er die gebrauchte Tüte bei einer der zentralen Sammelstellen zurückgibt. Peepoople verkauft dann die gebrauchten Produkte als günstigen Dünger an Bauern in der Region.

Um den rigiden, stark durch Arbeit geprägten Tagesabläufen der Menschen zu begegnen, setzt Peepoople auf ein Netz von Verkäuferinnen, Kleinstunternehmerinnen, die von dem Unternehmen geschult wurden, ihr eigenes Geschäft aufzubauen. Manche von ihnen gehen von Tür zu Tür, andere veranstalten sogenannte Plot Partys, die an die hierzulande bekannten Tupperpartys erinnern. Sie verkaufen dabei nicht nur die Tüten, sondern schulen ihre Käufer auch im Umgang damit.

Ein anderer entscheidender Faktor ist die Verfügbarkeit. Die Menschen geben das Geld aus, das sie gerade auf der Hand haben. Weder sparen sie noch legen sie größere Vorräte an. Die ständige Lieferbarkeit des Produkts ist deshalb unabdingbar. Aufgrund der halbautomatischen Produktion konnte man in Silanga Village zunächst nur 4500 Menschen täglich versorgen. Inzwischen ging die Peepoo jedoch in Massenproduktion. 500.000 Tüten am Tag schafft die neu entwickelte Maschine. Der Markt für die Toilette ist selbstverständlich größer. Auf 2,6 Milliarden Menschen schätzt Peepoople den Bedarf. Dem entspricht genau die Anzahl Menschen, die auf der Welt ohne funktionierende sanitäre Infrastruktur auskommen müssen. Bis man sie alle erreicht, ist es noch ein weiter Weg. Denn der schwedische Architekt setzt nicht auf den großen Paukenschlag – die Vorstellung, einen Markt im Handstreich zu nehmen –, sondern auf einen langsamen, stetigen Verwandlungsprozess, der ständig überwacht und optimiert werden muss.

EIN INGENIEURWESEN DES SOZIALEN.

Letztlich ist Wilhelmsons Idee wie ein Setzling gebaut, den man gießt und aufgehen lässt, der dann wie eine Pflanze gedeiht und Früchte trägt. Ein Setzling, dessen Lebenszyklus mit dem Tod nicht etwa zum Problem wird, sondern zur Nahrung für weitere Prozesse. Das funktioniert nur deshalb, weil der Architekt die sozialen Strukturen als Garten, als Boden oder Terrain begreift, auf dem die Idee wachsen kann. Er arbeitet nicht gegen den Kontext, sondern mit ihm.

Wilhelmsons Erfindung ist im Grunde die Erfindung eines neuen Denkens, das auch bei den vier Milliarden Menschen, die keine Peepoo benötigen, wirksam werden kann. Diesem Denken geht es um Ideen, die auf die Balance zwischen Dingen, Menschen und Umwelt abzielen. Es geht ihm um Konzepte, die sich nicht mehr bloß auf das Einzelobjekt beziehen, sondern auf das Produkt in dem jeweiligen spezifischen Umfeld. Es ist ein Denken in Kreisläufen, Systemen, ja Organismen, das dabei zum Tragen kommt und damit komplexer ist als alles, was wir heute an Gedankenarbeit in Produkte investieren.

Wie mittelalterlich erscheinen da etwa Dosen, Plastikflaschen, Spielzeuge, T-Shirts, Koffer, Puppen, Stereoanlagen, Kühlschränke und Waschmaschinen. All die Dinge des Alltags, die wir nach Gebrauch verschrotten, verbrennen, verbuddeln, mit etwas Glück recyceln. Es sind Problemlösungen einer vergangenen Zeit. Denn wir stehen längst vor der Aufgabe, unsere Produktions- und Konsumgewohnheiten umzustellen.

Doch auch andere Strukturen und Prozesse benötigen dieses neue, andere Denken. Man denke etwa an die Überalterung der Gesellschaft, an die Unvereinbarkeit von Karriere und Elternschaft, an den wachsenden Energiehunger vor dem Hintergrund des Klimawandels. Was können Manager, Architekten, Designer – und mit ihnen Unternehmen – hier tun? Es sind Aufgaben, die ein Ingenieurwesen des Sozialen fordern. Aufgaben, die zu diesen komplexen Herausforderungen eines Anders Wilhelmson zählen.

»ARCHITEKTUR IST POLITIK«

SETH COOPER

WIE EIN GAMEDESIGNER DIE ZUSAMMENARBEIT
VON MENSCH UND MASCHINE NEU ERFINDET. UND DAMIT
SCHWERE KRANKHEITEN HEILT.

SETH COOPER

DAS ELEKTRONENGEHIRN.

DAS ELEKTRONENGEHIRN.

Eine der fantasievollsten Metaphern aus den 60er-Jahren des letzten Jahrhunderts ist der Begriff »Elektronengehirn«. Weniger als konkreter Apparat, sondern mehr als Vision der kulturellen und wissenschaftlichen Möglichkeiten dieser Zeit, enthielt er die Vorstellung, dass dem Menschen eines Tages seine eigene Schöpfung gegenüberstehen würde. Und darin würde, so der verständliche Rückschluss, auch eine Entsprechung des höchsten menschlichen Organs, nämlich des Gehirns, schalten und walten.

Dieser neben der Raumfahrt so wichtige Fetisch des Fortschritts war nicht nur auf Leinwänden, in Paperbacks und wissenschaftlichen Sendungen zu besichtigen, sondern auch in den Kellern vieler großer Unternehmen auf der ganzen Welt. Hunderte von Metern marschierten die Bediensteten der ersten Großrechner an endlosen Reihen von Schränken auf und ab, wechselten Magnetbänder, archivierten die wertvoll illustren Daten in klimatisierten Räumen. Ein solches Rechenzentrum war nicht nur Computer, sondern Elektronengehirn des ganzen Konzerns. Die Räume dieser Zukunft rotierten um drei Achsen mit den Buchstaben IBM.

Wenige Jahrzehnte später überstieg die Rechenleistung jeder Digitaluhr die Leistung der hochgestapelten Gehirne. Innerhalb weniger Jahre wurde deutlich, dass Computer nie echte Denkapparate haben würden, sie uns nie gegenüber, sondern, wenn überhaupt, dann nur zur Seite stehen würden. Etwa nach Art eines Hammers oder einer Bohrmaschine. Seit vielen Jahrzehnten arbeiten Mensch und Maschine nun auf diese entzauberte Weise miteinander. Sie teilen sich Büros, helfen sich bei der Steuererklärung, spucken Geld aus, wenn der Kollege die richtige PIN am Automaten eingibt. Eine langweilige Ehe. An genau diesem Punkt, nämlich dem Verhältnis zwischen Mensch und Maschine, setzt eine neue Disziplin der Informatik an.

Während wir im nicht digitalen Leben alles daransetzen, immer kreativere Formen des Zusammenlebens und -arbeitens zu erfinden, bleibt die Beziehung zu unseren Maschinen weitgehend einfallslos. Dabei könnten wir gemeinsam viel mehr erreichen, so die Prämisse. Deshalb besteht eine der großen Herausforderungen der nächsten Jahrzehnte darin, die Zusammenarbeit zwischen Menschen und ihren fortschrittlichsten Werkzeugen, den Computern, weiter zu optimieren.

Dabei kommen Erkenntnisse aus der Verhaltensökonomie ebenso zum Einsatz wie die Möglichkeit, komplexe Probleme durch Crowdsourcing zu bearbeiten. Es sind die Prinzipien aus der Welt des Spiels, die dabei helfen, dieses Ziel zu erreichen.

CITIZEN SCIENCE.

Seth Cooper ist Creative Director am Center for Game Science an der University of Washington in Seattle. Mit seiner Forschung führt er nicht nur die Welt der Wissenschaft in ein neues Zeitalter der Forschung, das er »Citizen Science« nennt. Seine Arbeiten zeigen auch, dass Hoffnung besteht auf eine dringend nötige neue Arbeitsteilung zwischen Mensch und Maschine.

Cooper wuchs in Missouri auf und ging nach dem College nach Kalifornien, um an der University of California in Berkeley Elektrotechnik und Informatik zu studieren. Mithilfe seiner Professoren ergatterte er ein Praktikum bei Steve Jobs' Traumfabrik Pixar, die in der Nachbarschaft der Uni gelegen ist. Für seinen Doktor in Informatik zog es Cooper an die University of Washington, in das 1200 Kilometer weiter nördlich gelegene Seattle. Dort betreibt Zoran Popovic das Center for Game Science. Das Ziel von Popovics Forschung: Wege zu finden, mit denen Menschen und Computer gemeinsam Probleme lösen können – Probleme, die für den jeweils Einzelnen unlösbar wären. Dort widmete sich Cooper in den ersten Jahren seines Studiums zunächst den klassischen Themen des Spiele-Designs wie Character oder Crowd Animation und arbeitete während der Ferien beim Gaming-Giganten Electronic Arts. Erst nach ganzen drei Jahren wurde seine Aufmerksamkeit auf ein völlig anderes Thema gelenkt. Popovic, Coopers Doktorvater, machte ihn auf ein Projekt aufmerksam, das von einer anderen Fakultät an ihn herangetragen worden war. Die Biochemiker der Universität wollten mit ihnen zusammenarbeiten, um komplexe Probleme bei der Faltung von Proteinen zu lösen. Gemeinsam mit seinen Kommilitonen Adrian Troy und Janos Barbero formte sich dabei ein Team, das mit dem Online-Spiel *Foldit* eine Revolution in Gang setzte.

DIE MACHT DER PROTEINE.

Das Feld, auf dem Cooper seine bislang größten Erfolge erzielen sollte, ist ausgerechnet eines, das selbst in den Augen von Wissenschaftlern weit, düster und unerschlossen ist – von den bunten Szenarien der Character Animation ist es Lichtjahre entfernt.

Es geht um die komplexe Welt der Proteine und ihrer Funktionen im menschlichen Körper. Genauer: um die Entschlüsselung ihrer Funktionsweise und damit um die Frage, wie man schwere Krankheiten in Zukunft heilen kann.

Die Funktionen von Proteinen sind vielfältig, nahezu alle Aspekte des menschlichen Lebens sind daran gekoppelt. Proteine verleihen unserem Körper in Form von Collagen Struktur, als Verdauungsenzyme steuern sie den Prozess der Nährstoffverarbeitung, aber auch bei der Signalverarbeitung kommen sie zum Einsatz und steuern den Datenverkehr zwischen den Zellen. Kurz: Sie sind die Bausteine des Lebens.

Technisch betrachtet sind sie die physischen Produkte unserer körpereigenen Software, der DNA. Auf Basis der darin gespeicherten Baupläne werden die so wichtigen Eiweißbausteine zusammengesetzt und greifen direkt in die Funktionen des Körpers ein. Wenn nur ein winziger Teil der ihnen zugrundeliegenden Software defekt ist, entstehen fehlerhafte Proteine. Sie können im Körper lebenswichtige Prozesse irritieren oder ganz zum Erliegen bringen. Dies ist der Hintergrund vieler schwerer Krankheiten wie zum Beispiel Alzheimer.

Dabei spielt die räumliche Anordnung der einzelnen Moleküle eine entscheidende Rolle. Denn der dreidimensionale Aufbau eines Proteins bestimmt dessen Funktion und kann in der Folge auch die Ursache einer Krankheit sein. »Die Funktionsweise der Proteine basiert auf ihrer Gestalt. Wenn ein Protein sich zusammenfaltet, nimmt es dabei eine bestimmte Form an, die definiert, wie es mit seiner Umwelt interagiert und welche Funktionen es im Körper wahrnehmen wird.« Problematisch daran ist, dass die Form von Proteinen nur sehr schwer und mit großem Aufwand zu bestimmen ist. Im Rahmen klassischer

Am Center for Game Science der University of Washington wird erforscht, wie Menschen und Computer gemeinsam Probleme lösen können.

Center for Game Science

CSE 294

Mit einfachen Prinzipien des Gamedesigns lockt *Foldit* auch unerfahrene Spieler in die Welt der Proteine.

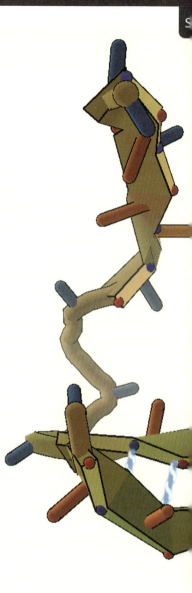

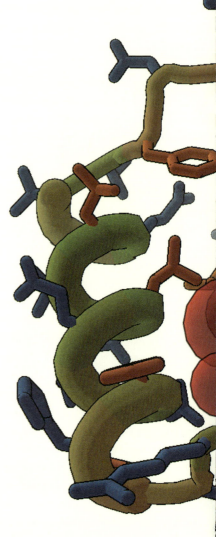

Nach und nach werden die Aufgaben, denen sich die Spieler stellen, immer komplexer.

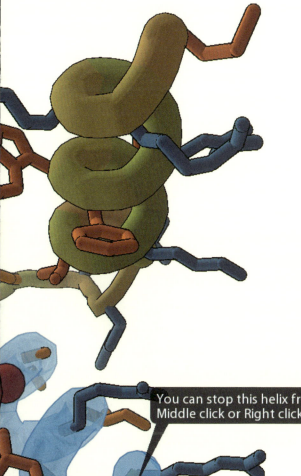

Wer *Foldit* länger spielt, hilft der Wissenschaft dabei, die großen Problemstellungen von Krankheiten wie AIDS oder Alzheimer zu bearbeiten.

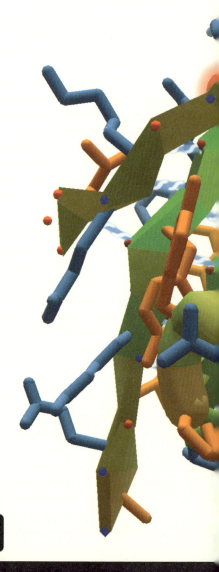

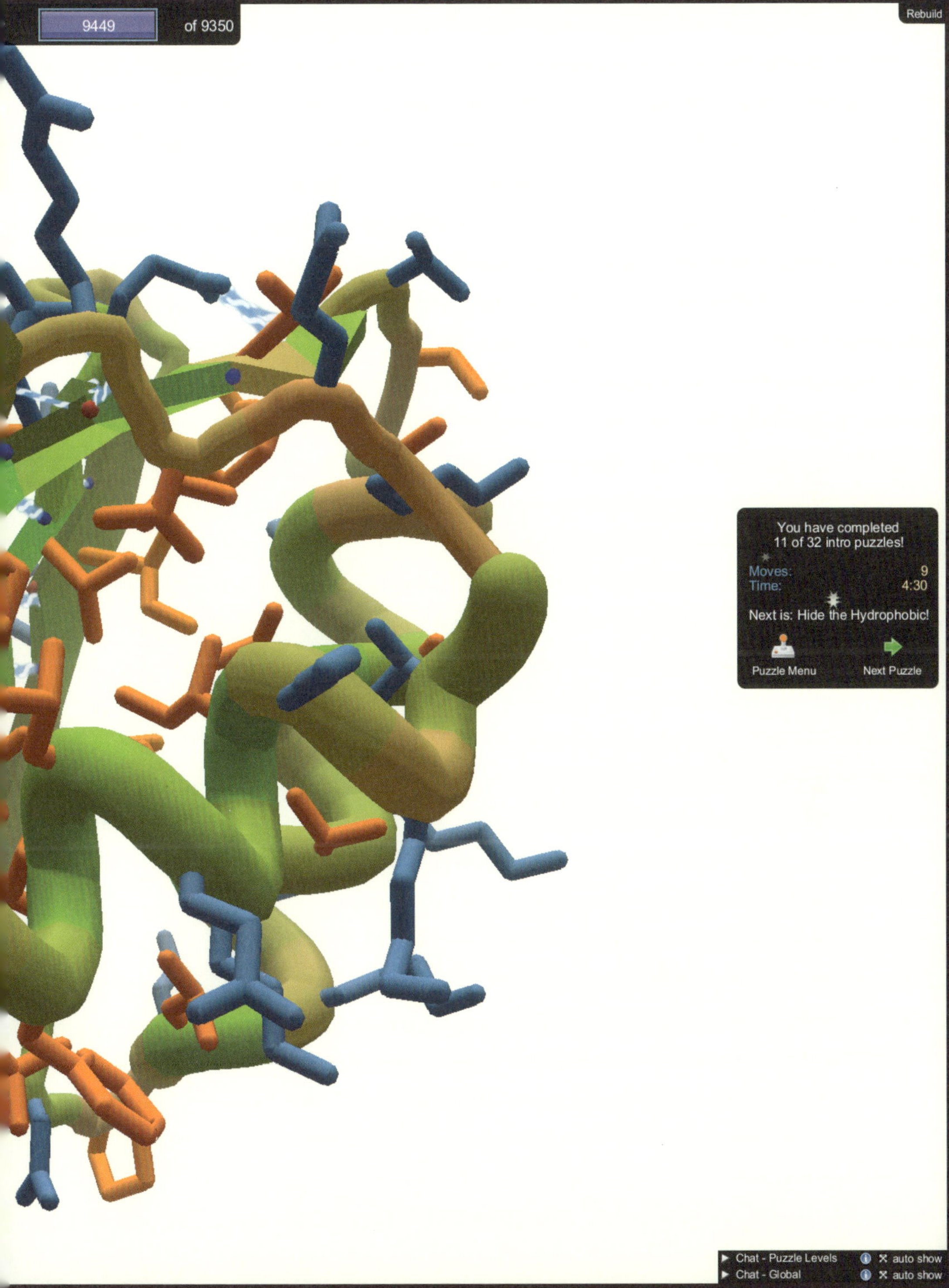

9449 of 9350

Rebuild

You have completed
11 of 32 intro puzzles!

Moves: 9
Time: 4:30

Next is: Hide the Hydrophobic!

Puzzle Menu   Next Puzzle

▶ Chat - Puzzle Levels ⓘ ✗ auto show
▶ Chat - Global   ⓘ ✗ auto show

Experimente wird dafür eine sündhaft teure Laborausstattung benötigt und im Falle einer Analyse durch Computer fällt Rechenleistung an, die nur ganz selten zur Verfügung steht.

Aber Computer benötigen nicht nur hohe Rechenleistungen für die Bestimmung dieses räumlichen Aufbaus, ihnen fehlt zum Teil ganz einfach die passende Methode, vorne, hinten, links und rechts sinnvoll zu einem Ganzen zusammenzufügen. Das menschliche Gehirn hat hingegen die angeborene Fähigkeit, räumliche Anordnungen nicht nur schnell zu analysieren, sondern diese auch zu speichern, zu bearbeiten und kreativ zu erweitern. Menschen verfolgen bei der Auseinandersetzung mit diesen Phänomenen nämlich automatisch eine bestimmte Taktik. Es fällt ihnen leicht, »dahinter« oder »davor« zu definieren, sich vorzustellen, wie ein Objekt sich verändert, wenn man einzelne Parameter verändert. Die Frage ist nur: Wie bindet man den Menschen in eine Forschung ein, die im Wesentlichen auf die Arbeit von Computern angewiesen ist, weil die Zahl der Daten, die zu überprüfen sind, ganz einfach zu groß ist?

DIE LÖSUNG: EIN BIOLOGISCHES TETRIS.

»Das Interessante daran ist, dass beide Parteien auf ihren jeweiligen Feldern gut sind. Es geht also nicht darum, den Computer zu ersetzen, sondern um einen hybriden Ansatz, bei dem Menschen das machen, worin sie gut sind, und Computer das machen, worin sie gut sind. Einige der Felder, von denen wir glauben, dass sie von Menschen besser beherrscht werden, sind natürlich Kreativität, die Fähigkeit, Probleme in diesem Sinne zu lösen, und räumliches Denken wie zum Beispiel das Zusammensetzen von Bausteinen.«

Cooper macht sich eine Eigenart des Videospiels zunutze, die zuvor kaum in praktischer Form eingesetzt wurde. Denn das Spiel ist ein wunderbares Interface für die Zusammenarbeit von Mensch und Maschine. Auf der einen Seite lassen sich klare Regeln definieren, die zur Grundlage eines Datensatzes werden können, den auch eine Maschine bearbeiten kann. Auf der anderen Seite besteht innerhalb dieser klar definierten Regeln genügend Freiheit, um kreative Techniken anwenden zu können, also eben jene Disziplinen, in denen die Menschen klar im Vorteil sind. Das Spiel wird dadurch zu einem virtuellen Raum, in dem Menschen und Maschinen sich perfekt ergänzen. Damit ist ein Feld definiert, auf dem sich die beiden unterschiedlichen Geister zu einer neuen, leistungsfähigen Form von Elektronengehirn zusammenschließen können. So weit die Theorie. Doch wie soll dieses Spiel konkret funktionieren?

»Die Frage, welche Form ein Protein annehmen wird, ist ein bisschen wie ein Puzzle, weil die Proteine beim Zusammenfalten Bausteine nutzen, die zusammenpassen und sich zusammenschließen. Dabei folgen sie ganz bestimmten Regeln.« So entstand bei Cooper das erste Mal die Idee eines, wie er es formuliert, »biologischen Tetris«. »Wir dachten, dass die Menschen das ihnen eigene räumliche Denkvermögen und ihr Talent für Problemlösungen nutzen könnten, um einen Teil der Aufgabe zu lösen, und dass ein Spiel eine gute Idee wäre, um die Leute zu motivieren und zu involvieren. So ist *Foldit* entstanden.« Und weiter: »Innerhalb des Spiels gibt es eine ganze Reihe von Werkzeugen, mit denen die Spieler interagieren können, mit denen sie die Proteine bearbeiten, einzelne Teile verschieben können und so weiter. Aber das Spiel hat auch automatisierte Algorithmen, die von Biochemikern entwickelt wurden. Auf diese Weise kann man den Computer die Arbeit machen lassen, die er besonders gut kann, nämlich mit Zahlen zu hantieren und auf die Schnelle viele verschiedene Kombinationen auszuprobieren.«

WIE FUNKTIONIERT FOLDIT?

Eine Herausforderung für jeden Spiele-Designer besteht in der Entwicklung eines guten User-Interface. Wer die Intelligenz der vielen nutzen will, um die tief verborgenen Geheimnisse der Mikrobiologie zu lösen, braucht dafür ein einfaches Armaturenbrett.

Die Spielregeln sind dabei penibel den Gesetzen der Natur nachempfunden. Das heißt, stabile Eiweißstrukturen ergeben sich nur dann, wenn möglichst wenig Energie benötigt wird, um die endgültige Form zu halten. Der Schwierigkeitsgrad des Spiels steigt von Level zu Level und reicht von der Faltung simpler Aminosäureketten bis hin zu ultrakomplexen Strukturen.

Eine der zentralen Aufgaben des Game-Designers besteht in der Einbindung des Spielers in das Spiel. Um dies zu gewährleisten, orientieren sich Spiele an der Funktionsweise unseres Gehirns. Sie ziehen die Spieler mit gezielten Belohnungen und Bestrafungen in ihren Bann. So entstehen die für Computerspiele typischen Bestandteile wie »Lebensenergie«, »Upgrades« und »Safepoints«. All diese Aspekte müssen durch den Designer in ein ausgewogenes Verhältnis gebracht werden. Ist ein Level zu einfach gestaltet, wird das Spiel schnell langweilig. Ist es zu kompliziert, verliert der Spieler die Motivation. Um das richtige Verhältnis zu bestimmen, durchlaufen Spiele endlose Testreihen. Professionelle Spieletester arbeiten daran genauso intensiv mit wie die Designer selbst.

SETH COOPER

DAS SPIEL IST EIN WUNDERBARES INTERFACE FÜR DIE ZUSAMMENARBEIT VON MENSCH UND MASCHINE.

Die Übertragung dieses »Belohnungssystems« in die Welt der Proteine erfordert viel Erfindungsgabe und mehr, als die meisten Forscher wohl von sich aus hätten leisten können.

Auch die Struktur des Belohnungssystems selbst ist ein wichtiger Baustein für den Erfolg des Spiels. Es geht dabei um die Frage, wie man die Spieler möglichst sinnvoll belohnt, um sie dazu zu bringen, bestimmte Aufgaben zu lösen.

»Eine Sache, die wir bei *Foldit* versucht haben, sind Belohnungen, die auf verschiedenen Zeitachsen funktionieren.« Cooper und seine Kollegen strukturierten das Belohungssystem von *Foldit* in drei Stufen. Zur Anwendung kommen Belohnungen en miniature, etwa akustische Signale. Um die Ausdauer der Spieler mittelfristig zu belohnen, gibt es größere Geschenke, wie zum Beispiel einen hohen Platz im Ranking oder ein besonderes Puzzle. Schließlich gibt es darüber hinaus noch ein Ranking, das alle Spieler erfasst, die zum Teil monate- oder jahrelang spielen, um ganz oben zu bleiben.

Cooper hat das Belohnungssystem von *Foldit* also von Anfang an auf langfristige Prozesse angelegt. Ihm geht es dabei nicht nur um den Einzelnen, sondern auch darum, als Teil einer Community Erfolge zu erzielen.

EIN GANG DURCH DIE GEMEINDE. DIE FOLDIT COMMUNITY.

Das Design von *Foldit* weist eine ganze Reihe von Schnittstellen für die komplexe Interaktion zwischen Mensch und Maschine auf. Doch wie reagieren die Menschen auf ein Spiel, bei dem es nicht um die Zerstückelung von Zombies, sondern um das Zusammenfalten von Proteinen geht?

Inzwischen haben mehr als 57.000 Menschen *Foldit* gespielt. Doch nicht allein die Zahl der Spieler ist entscheidend. Interessanter ist die Tatsache, dass sie keiner eindeutigen Zielgruppe zuzuordnen sind. Cooper beschreibt sie so: »Sämtliche Altersgruppen, Frauen und Männer. Dazu jede Art von Beruf und Bildungshintergrund. Viele der Spieler haben keine biochemische Ausbildung. Und viele der besten Spieler hatten nicht viel mehr als einen Kurs in Biochemie am College. Es scheint aber, dass viele ein generelles Interesse an Wissenschaft haben und daher motiviert sind, zu helfen.«

Hinzu kommt ein Baustein, der zahlreichen modernen Erfolgsgeschichten zu eigen ist. Denn es sind nicht die einzelnen Spieler, die *Foldit* zum Erfolg verhelfen, sondern die Tatsache, dass sie sich zu einer produktiven Community zusammengeschlossen haben. »Bei vielen Aspekten von *Foldit* geht es wie bei einer echten Community zu. Es gibt einen Chat, die Leute sprechen miteinander und lernen sich gegenseitig kennen. Und sie sprechen über ihre Fortschritte und helfen sich gegenseitig. Dabei formen sie Teams, um zusammenzuarbeiten, sich zu helfen. Aber es gibt auch Kampfgeist und rivalisierende Teams, was aber gleichermaßen motivierend ist.«

CROWDSOURCING. DIE MASSE MACHT'S.

Die Idee des Crowdsourcing ist verführerisch: Anstatt sich teure Spezialisten zu leisten, verlagern Unternehmen oder Organisationen die Lösung komplexer Aufgaben einfach ins Netz. In Kombination mit der populären Schwarmintelligenz entstehen dann – so die Hoffnung – zahlreiche günstige Innovationen, für die man früher ganze Forschungs- und Entwicklungsabteilungen beschäftigen musste.

Foldit zeigt, dass die Rechnung aufgehen kann. Aber eben ganz anders und auch nur unter ganz bestimmten Voraussetzungen. Cooper und seine Kollegen haben ihre ganze Kreativität in die Entwicklung eines Systems gesteckt, das die oft beschworenen Kräfte im Netz auf eindrucksvolle Weise freisetzt. Aber diese Form digitaler Pferdeflüsterei ist nicht nur aufwendig, sie will auch permanent kuratiert werden. Erst so kann ein lebendiger Kosmos entstehen, der zwar nicht automatisch funktioniert, aber eben viel besser als die meisten Alternativen. Wer Crowdsourcing einsetzt, sollte dies nicht mit dem Ziel machen, Geld zu sparen, sondern mit dem Ziel, bessere Ergebnisse zu erreichen.

Gibt es dafür allgemeine Regeln? Zunächst sollte man ein Problem lösen wollen, das die Menschen auch interessiert. Aber nicht nur das. Für Cooper ist es besonders wichtig, dass die Menschen auf dem Problemfeld auch besondere Begabungen haben, denn sonst könnte es auch eine Maschine lösen. Deshalb war eine der ganz wichtigen Fragen bei der Entwicklung von *Foldit:* Welche Teile des Problems überlassen wir den Menschen?

Eine zweite Herausforderung bestand darin, aus einer Nische, in diesem Falle der Biochemie, etwas Größeres zu machen; etwas, das auch Menschen ohne Doktortitel interessieren könnte. Cooper und seine Kollegen haben aus einem Expertenthema ein Spiel für Laien gemacht, indem sie aus dem komplexen Problem der Proteinfaltung ein einfaches Spiel um räumliche Denksportaufgaben gemacht haben. Erst dadurch wurde das Thema überhaupt ein Kandidat für Crowdsourcing.

Doch in die verborgene Struktur von *Foldit* ist noch ein weiterer, überaus kreativer Gedanke eingeflossen, der aus dem Spiel einen ernsten Konkurrenten für die klassische Forschung machte. Einer der besten Tricks von Cooper bestand jedoch darin, den Spielern die Möglichkeit zu geben, ihre Strategien zu speichern. Und zwar in Form sogenannten »Recipes«.

Diese »Rezepte« konnten im Rahmen der Community getauscht und verbessert werden. Jeder Spieler hatte dafür sein eigenes »Kochbuch«, in dem die Rezepte abgelegt wurden. Da diese im Laufe der Zeit durch die Spieler immer weiter verbessert wurden, machten sie eine eigene Evolution durch und wurden nach und nach immer effektiver. Dann passierte etwas Außergewöhnliches: Nach einiger Zeit dominierten zwei besonders wirksame Rezepte die Aktivitäten der Community. Diese entsprachen in weiten Teilen einem bis dahin nicht veröffentlichten Algorithmus, den Forscher zur gleichen Zeit im Labor entwickelt hatten. Im Klartext: Die spielerisch entwickelten Lösungen für die Faltung der Proteine konnten den Arbeiten der Wissenschaftler im Labor das Wasser reichen.

Im renommierten Journal *Nature* veröffentlichten die Macher von *Foldit* wenig später einen revolutionären Durchbruch. Gemeinsam mit den Spielern, die in der Publikation als Koautoren genannt wurden, war es gelungen, die Struktur eines Enzyms zu analysieren, das für die Reproduktion des AIDS-Virus entscheidend ist. Wissenschaftler hatten dieses Problem seit vielen Jahren nicht lösen können. Den Spielern von *Foldit* gelang es innerhalb von drei Wochen. Und sie lieferten der wissenschaftlichen Welt auch Hinweise für die Lösung des Problems.

DIE SPIELERISCHE ZUKUNFT DES ELEKTRONENGEHIRNS.

Cooper und seine Kollegen am Center for Game Science haben schon nach wenigen Jahren Forschung auf einem völlig neuen Gebiet konkrete wissenschaftliche Erfolge vorzuweisen. *Foldit* beweist eindrucksvoll, dass Spielprinzipien kein Spielzeug, sondern geeignet sind, eine neue Form der Zusammenarbeit zwischen Menschen und Computern zu verwirklichen.

Foldit hat bewiesen, dass es sehr sinnvoll sein kann, den Computer nicht nur als ausführendes Organ zu nutzen, sondern als gleichwertigen Partner eines Prozesses zu betrachten, in dem der Mensch die ihm eigenen Fähigkeiten optimal ausspielen kann. Aber eben nur bis zu diesem Punkt und nicht darüber hinaus. In dieser Zusammenarbeit gilt es auch zu erkennen, welcher Art von Aufgabe wir nicht gewachsen sind. Wenn wir es schaffen, dafür ein Bewusstsein zu entwickeln, können wir den Computer als eine echte Ergänzung unserer Existenz betrachten.

Das fängt bei Alltäglichem an. Schon entstehen auf der Basis verhaltensökonomischer Erkenntnisse neue Modelle für so banale und doch wichtige Dinge wie die Kontoführung, bei denen der Computer seinen Nutzer dazu animiert, aus dem Soll wieder in die Haben-Zone zu gelangen.

Es gibt zahlreiche Felder, auf denen wir besser mit langfristigem Kalkül entscheiden sollten, uns aber ganz offensichtlich immer wieder von kurzfristigen emotionalen Aspekten leiten lassen, zum Beispiel bei Aktionen auf den internationalen Finanzmärkten. Eine Gewaltenteilung in Coopers Sinne würde uns für diese Fälle einen Akteur zur Seite stellen, gegen dessen Urteilskraft man zunächst schlagkräftige Argumente finden müsste.

Damit ist die Idee vom Elektronengehirn gleichermaßen wiederentdeckt wie auch weitergedacht. Es geht nämlich nicht darum, dem Rechner das Denken zu überlassen, sondern darum, die Grenzen des eigenen Denkens besser zu erkennen. Die Herausforderung für die Zukunft besteht darin, Methoden und Anwendungen dafür zu finden. Wenn dies gelingt, können wir damit rechnen, dass die großen Aufgaben der Zukunft spielend gelöst werden.

»ES GEHT ALSO NICHT DARUM, DEN COMPUTER ZU ERSETZEN, SONDERN UM EINEN HYBRIDEN ANSATZ, BEI DEM MENSCHEN DAS MACHEN, WORIN SIE GUT SIND, UND COMPUTER DAS MACHEN, WORIN SIE GUT SIND.«

YAW
ANOKWA

WIE EIN INFORMATIKER DEN VIRTUELLEN
RAUM AFRIKAS ERSCHLIESST. UND DAMIT ENTWICKLUNGEN
AUF DER GANZEN WELT ANSTÖSST.

YAW ANOKWA

DAS BETRIEBSSYSTEM DER ZUKUNFT.

DAS BETRIEBSSYSTEM DER ZUKUNFT.

Das Computerzeitalter trennt die Menschen in genau zwei Gruppen: User und Programmierer. Die einen leben vor dem Rechner und nutzen ihn tagtäglich wie selbstverständlich als Werkzeug. Zwar verstehen sie seine Funktionsweise nur oberflächlich, können ohne ihn aber nicht mehr arbeiten. Die anderen sind in der Welt hinter den bunten Benutzeroberflächen zu Hause. Sie sind die wahren Magier unserer Zeit, denn das, was sie vollbringen, entzieht sich dem Verständnis jedes Users. Jeder kennt den merkwürdigen Moment, in dem einer, der sich mit der Welt hinter dem Bildschirm auskennt, ein geheimes Fenster öffnet, ein paar Zeilen Code eintippt und ein bislang unlösbares Problem aus der Welt schafft. Gemeint sind Hacker, Nerds, Geeks – Menschen, die einen tieferen Zugang zu unserer digitalen Realität haben.

Spannend wird es, wenn man diese Menschen auf andere Felder loslässt. Und zwar auf die großen Aufgaben des 21. Jahrhunderts. Dann stellt sich die Frage: Gibt es auch in der Wirklichkeit ein kleines, geheimes Fenster, über das sich die großen, unlösbaren Probleme unserer Zeit lösen lassen? Einer, der sofort eine spontane Antwort hat, ist der amerikanische Informatiker Yaw Anokwa. Selbst ein ausgewiesener Geek, zu Hause in Kalifornien, ist sein Thema nicht auf die Dimension eines Flachbildschirms beschränkt, sondern auf eine der großen Problemzonen dieser Welt: Afrika. Für Anokwa gibt es auch dort ein geheimes Fenster, durch das man

das Geschehen beeinflussen kann. Denn, so Anokwa:
»Selbst in den entlegensten Regionen Afrikas hat man
in der Regel Empfang.« Gemeint ist die Möglichkeit,
zu telefonieren und SMS zu versenden. Und wo das geht,
kann man auch Daten verschicken. Damit eröffnet
sich ein Geek-Space. Und ein Universum an Möglichkeiten für die Dritte Welt. Nach Brunnenbau und
Hilfe zur Selbsthilfe geht der kulturelle Austausch damit
in eine neue Phase. Dort, wo keine Infrastruktur existiert, wird sie mit digitalen Mitteln eingezogen. Anokwa
und seine Kollegen liefern mit einfachsten Mitteln ein
neues Betriebssystem für die Welt. Und dies nicht nur
bildhaft, sondern ganz konkret.

GEEKS OHNE GRENZEN.

Yaw Anokwa trägt den traditionell violettfarbenen Talar seiner Universität. Eine schwarze Kappe mit einer seitlich baumelnden Quaste krönt sein Haupt. Nach fünf Jahren der Forschung darf sich der Informatiker Doctor of Philosophy in Computer Science nennen. Schon jetzt kann der junge Mann auf eine Karriere zurückblicken, mit der andere ein bis zwei Biografien füllen. Sein wichtigstes, mit Preisen überhäuftes Projekt steckt auf zig Seiten verteilt in seiner Doktorarbeit. »Improving Clinical Decision Support in Low-Income Regions«, heißt es auf der ersten Seite. Hinter dem akademisch nüchtern formulierten Titel verbirgt sich die Beschreibung einer Technologie, die gerade erst begonnen hat, die Welt zu verändern.

ODK – Open Data Kit –, so der Name der Erfindung, ist ein Paket aus Open-Source-Softwarewerkzeugen, das Anokwa mithilfe seines Kommilitonen Carl Hartung und dem Professor Gaetano Borriello entwickelt hat. Das Open Data Kit erlaubt es Unternehmen, Institutionen und Organisationen, ihre eigenen Smartphone-Anwendungen zu bauen, ohne ein Heer an Programmierern beschäftigen zu müssen. Das senkt nicht nur die Kosten für jedes Projekt, sondern verkürzt auch die Entwicklungszeiten. Das Softwarepaket ist insbesondere auf das Sammeln, Sortieren und Auswerten von Daten ausgelegt.

Seinen Ursprung hat das ODK in Ruanda. Sechs Monate volontierte der junge Doktorand bei der Hilfsorganisation Partners In Health. Zeit, die er nutzte, um das System auf den Kopf zu stellen, mit dem man HIV- und Tuberkulose-Patienten erfasste und durch die Krankheit begleitete. Damals marschierten Entwicklungshelfer noch von Haus zu Haus, um den Gesundheitszustand ganzer Landstriche zu erfassen. Weil man die Informationen händisch, mit Stift und Papier sammelte, hatten die Stellen, für die sie bestimmt waren, nicht nur mit einer beträchtlichen Fehlerrate zu kämpfen, sondern auch mit sehr langen Wartezeiten, bis die Daten bei ihnen ankamen. So konnten leicht Monate ins Land ziehen, bis die Informationen ausgewertet waren und in den Datenbanken auftauchten. Auf Grundlage dieser Erhebungen konnte man nur schlecht Entscheidungen treffen. Aus Mangel an Alternativen war das aber gängige Praxis. So wurde die Entwicklung der Gesundheitsversorgung über Jahre gebremst.

DAS NETZ-PHÄNOMEN AFRIKA.

Anokwa schwebte eine Technologie auf Basis von Smartphones vor, um die Lage zu verbessern. Die Rahmenbedingungen waren verblüffend gut. »Gerade in den Entwicklungsländern gibt es einen großen Technologie-Aufschwung. Zwar hat nicht jeder in Afrika ein Handy, aber selbst in den ländlichen Regionen gibt es Mobilfunkempfang.«

Theoretisch ließen sich die Datenpakete per Internet oder SMS verschicken. Praktisch machte man keinen Gebrauch davon. Anokwa bastelte an einer Software, die es den Menschen im Feldeinsatz nicht nur erlaubt, Patientendaten zu sammeln, sondern auch mit Informationen anzureichern, für die ein Handy prädestiniert ist. Auf Knopfdruck lassen sich etwa GPS-Koordinaten hinzufügen, Patientenakten können durch Fotos und Tonaufnahmen ergänzt werden. Ein Arzt kann nun einen Ausschlag fotografieren und den speziellen Klang eines Hustens aufnehmen. Interaktive Formulare unterstützen ihn dann bei der Diagnose. Der Informatiker liefert dafür plastische Beispiele: »Wenn das Gegenüber eine Frau ist, dann unterstützt mich das medizinische Formular automatisch etwa mit Fragen zum Thema Schwangerschaft. Fragen, die ich nicht beantworten muss, wenn mir ein Mann gegenübersitzt. Oder ich kann eine Reihe von Symptomen auflisten und das Formular führt mich Schritt für Schritt zu einer medizinischen Diagnose. Ist gerade niemand vor Ort dazu in der Lage, diese spezielle Krankheit zu behandeln, kann die eingebaute Multimedia-Komponente helfen, indem sie zum Beispiel in einem Video zeigt, wie die Krankheit zu behandeln ist.«

MIT OPEN SOURCE IN DIE DRITTE WELT.

Zurück an der Universität von Washington, reifte in ihm die Idee, die Software so weiterzuentwickeln, dass sie in möglichst vielen Anwendungsgebieten wirksam werden kann. »Was unsere Arbeit als Informatiker aufregend macht, ist, dass wir, wenn wir erst mal einen sehr konkreten Anwendungsfall gefunden haben, über den abstrakteren, generischen Fall nachdenken. Bevor wir damit anfingen, das ODK zu entwickeln, haben wir uns eine Reihe anderer Plattformen für das Sammeln von Daten angesehen. Sie haben alle eine große gemeinsame Schwäche: Ihre Anwendbarkeit ist auf ein schmales Feld ausgelegt. Es gibt Systeme für die Landwirtschaft, für die Medizin, für das Überwachen von Menschenrechten. Mit dem ODK wollten wir etwas schaffen, das in all diesen unterschiedlichen Szenarien funktioniert.«

Im Grunde ist das ODK eine Anwendung, die mithilfe eines Smartphones Texte, Fotos, Videos, Audiodaten und geografische Koordinaten sammeln, miteinander verknüpfen und austauschen kann. Das System besteht aus mehreren, frei konfigurierbaren Modulen. Der Clou dabei: Das ODK ist von Anfang an als Open-Source-Software konzipiert. Bestimmen heute oft noch markenexklusive Ansätze die Software- und Produktentwicklung, eröffnet der Open-Source-Ansatz vollkommen neue Wege. Beim ODK sind es Auswahl und Konfiguration der Bausteine, aber auch die Verknüpfungen untereinander, die schließlich die Identität und Einsetzbarkeit der jeweiligen Anwendung bestimmen. Das Ganze lässt sich durchaus mit einem Lego-Kasten für Datensammler und -verarbeiter vergleichen. Dass dabei tatsächlich einzigartige Ergebnisse herauskommen, beweisen inzwischen zahlreiche Unternehmen und Organisationen.

TESTFELD UGANDA.

Die erste Hilfsorganisation, die auf die Vorzüge des ODK setzte, war die in Washington, D. C. beheimatete Grameen Foundation. Die Organisation sah in der Software die Chance, Bauern in Uganda schnell und zuverlässig mit landwirtschaftlichem Wissen unter die Arme zu greifen. Ein wichtiges Anliegen. Wenn Bauern beobachten, dass ihr Korn eingeht, haben sie in der Regel keine Zeit, darauf zu warten, dass Hilfe eintrifft. Entsprechende Services im Bereich Landwirtschaft sind zwar vorhanden, aber chronisch unterbesetzt. Die eigentlich notwendige Anzahl an Entwicklungshelfern wäre gar nicht zu finanzieren. Ein Umstand, dem die dramatische Verbreitung von Mobiltelefonen gegenübersteht. Allein Uganda verfügt über eine nahezu hundertprozentige

Das Open Data Kit hat sich dank seiner offenen Architektur weltweit verbreitet. In Brasilien hilft es dabei, die Aufforstung des Regenwaldes zu überwachen, und in Afghanistan, die ordnungsgemäße Durchführung von Wahlen zu prüfen.

In der Praxis verein-
facht das ODK die
Arbeit zahlreicher
Organisationen und
Unternehmen.

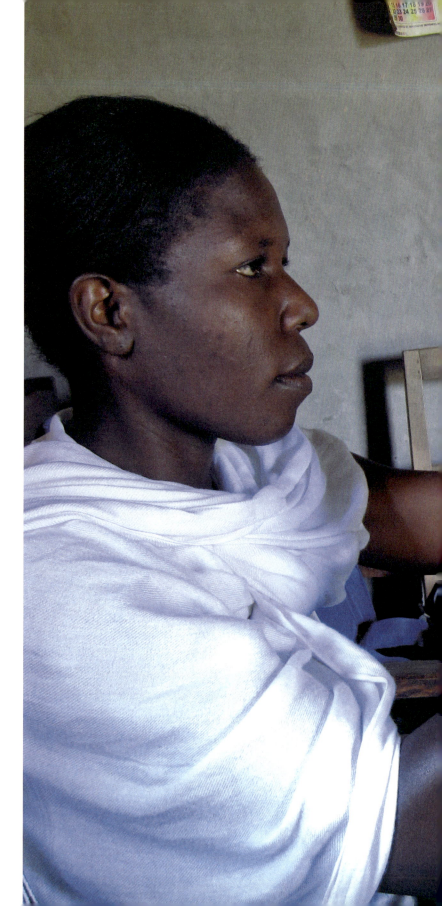

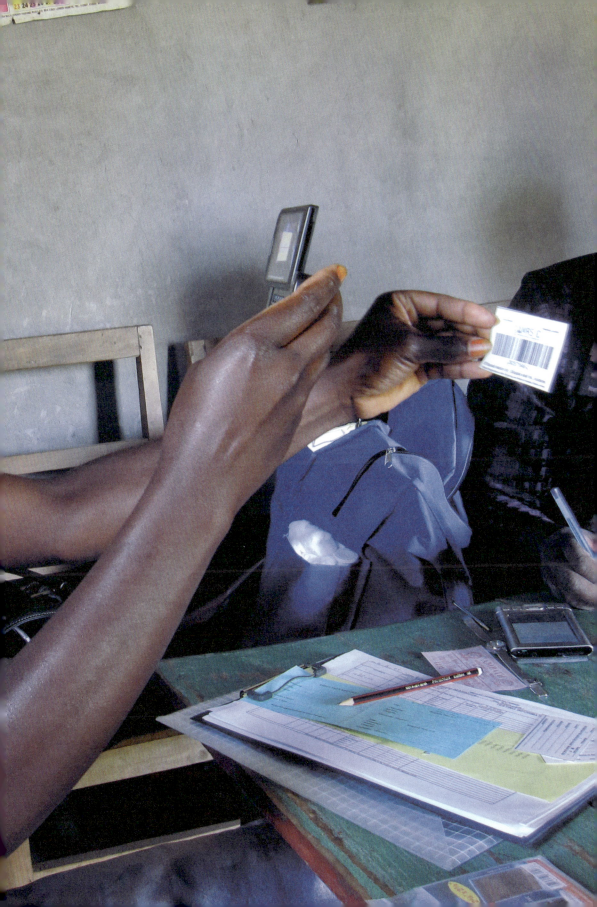

Netzabdeckung. Also überlegte man sich bei der Grameen Foundation ein Modell, bei dem Mittelsleute mit Telefonen ausgestattet werden, um die Informationslücken bei den Bauern zu schließen.

Zwei Smartphone-Apps basieren inzwischen auf dem ODK und werden in Uganda getestet. Die eine sammelt von den Bauern Informationen inklusive der geografischen Lage. Die andere bietet ihnen Zugang zu landwirtschaftlichem Expertenwissen. Um den Kommunikationsfluss zu gewährleisten, wurden aus den Reihen der örtlichen Dorfgemeinschaft sogenannte Community Knowledge Worker gewählt und mit entsprechenden Smartphones ausgestattet. Sie vermitteln zwischen den Fragen der Bauern und einer Datenbank für Landwirtschaft, die entsprechende Antworten bereithält.

Doch das System ist nicht nur dazu in der Lage, Informationen an die Bauern zu liefern, sondern es bildet auch die Grundlage dafür, die Effektivität der Serviceleistungen zu kontrollieren. Welche Gegend braucht mehr Ressourcen? Haben in diesem Dorf Ernährungsinformationen Priorität? Braucht es in jenem Anbaugebiet mehr Informationen zu Pflanzen, die Überschwemmung oder Trockenheit aushalten? Dank der Daten, die über den Rückkanal geschickt werden, entsteht ein genaues Abbild von den Realitäten vor Ort. Es hilft Grameen dabei, das Angebot jederzeit neu zu justieren und so aktuellen Entwicklungen anzupassen. Es ist ein Kreislauf, der sich nach und nach optimal einpendelt.

Es gibt inzwischen zahlreiche Beispiele von Organisationen und Unternehmen, die auf ODK-Basis operieren. Was alle gemeinsam haben, ist das Wissen, dass man in Afrika wirklich vor Ort sein muss. Man kann den Raum weder aus der Spitze eines Glasturms noch aus dem Inneren eines Labors erobern. Denn bei allen Fortschritten auf dem Kontinent trifft man auch auf eine Menge Probleme – Probleme, die Technologie alleine nicht lösen kann. »Wenn man sich anschaut, wie kleine Unternehmen in den am wenigsten entwickelten Ländern starten, wird man feststellen, dass man zunächst die Anträge von zehn bis fünfzehn Behörden ausfüllen muss, und jede dieser Behörden verlangt, dass Sie zu einer anderen Behörde gehen, um einen anderen Antrag einzureichen. Zu dem ganzen Hin und Her kommen dann eventuell noch Bestechungsgelder für die Beamten. Das ist das Prozedere, mit dem man hier ein Unternehmen gründet. Es gehört zu einer Reihe von Problemen, mit denen man zu kämpfen hat, Probleme, die nicht unbedingt technologischer, sondern systemischer, institutioneller Natur sind und für die man noch Jahre und Jahrzehnte brauchen wird, um sie zu lösen. Man muss wirklich hierhin ziehen. Man muss den lokalen Kontext verstehen. Dann kann man Fortschritte erzielen. Die meisten der Organisationen, die hier erfolgreich sind, haben deshalb Gründer und Mitglieder, die sich dem Land und der Kultur, in der sie arbeiten, mit Haut und Haar verschrieben haben.«

EINE AUFBLÜHENDE DIGITALE SAVANNE.

Auf der anderen Seite macht die Technologie vieles möglich. Das ODK ist Teil eines digitalen Umwälzungsprozesses, der viele Teile des Kontinents erfasst hat. Wer Afrika sagt, spricht in der Regel von einem Kontinent, dem es an allem mangelt: an Krankenhäusern, Überlandleitungen und Straßen, Elektrizität, fließendem Wasser und Versicherungsschutz, kurz: Man spricht von einer riesigen Infrastrukturwüste.

Tatsächlich gibt es in Afrika eine Entwicklung, die so gar nicht in unser Bild vom unterentwickelten Niemandsland zu passen vermag. Es ist die Explosion der Mobilfunktechnologie. Wie keine andere Technologie krempelt sie hier so gut wie alle Lebensbereiche um.

Unternimmt man im Westen erste zaghafte Versuche, den Austausch von Geld über Mobilgeräte laufen zu lassen, entsteht hier eine Vielzahl an Anwendungen, die Bargeld plötzlich sehr alt aussehen lassen. Mit *M-PESA* kann man etwa bargeldlos einkaufen, ohne dabei über ein reguläres Konto zu verfügen. Mit *M-Shop* lassen sich Film-, Event-, Bus- und Flugtickets bezahlen. *Elma* hat die Funktionen einer digitalen Geldbörse und funktioniert wie eine Online-Bank und eine Kreditkarte. Man kann sogar Aktien und Devisen damit handeln, aber auch das monatliche Gehalt organisieren.

Es sind Erfindungen, die nicht im Silicon Valley gemacht wurden, sondern in Nairobi, dem heimlichen Motor dieser Entwicklung. Längst legendär ist der unter dem Namen iHub bekannte Nairobi Hackerspace. Technologen, Programmierer, Web-Designer und App-Entwickler hecken hier Projekte und Start-ups aus, weshalb der iHub als wichtiger Hightech-Inkubator gilt. Kein Wunder, dass große Konzerne wie Nokia, Wananchii, Microsoft und Google intensive Beziehungen zum iHub unterhalten. Die Community finanziert sich durch die Mitglieder, die hier ihren festen Schreibtisch und Arbeitsplatz haben, aber auch durch Veranstaltungen. Die reichen vom Investoren-Pitch bis hin zum Produktstart.

Unzählige Tech-Start-ups sind bereits aus dem iHub hervorgegangen. AkiraChix ist ein Unternehmen, das Frauen in technologischen Berufen fördert. Dazu legt es Mentoren- und Trainingsprogramme auf, initiiert Veranstaltungen und Konferenzen. Zege Technologies entwickelt Software für finanzielle Transaktionen, sei es für Geschäfte oder Spargruppen in den Slums von Kibera. Gerade die Mobilsparte wächst

In der Software-
architektur des
ODK stecken
neben Programm-
zeilen monatelange
Erfahrungen, die
Anokwa in Ruanda
gesammelt hat.

DIE WAHRSCHEINLICHKEIT, DASS HIER DAS NÄCHSTE FACEBOOK, GOOGLE ODER TWITTER ENTSTEHT, IST GENAUSO GROSS WIE ÜBERALL AUF DER WELT.

dermaßen rasant, dass der iHub inzwischen eine Tochter gegründet hat, die sich ausschließlich um die Belange der Branche kümmert. Viele der Start-ups konzentrieren sich auf Apps für den Mobilfunkmarkt, weil immer klarer wird, dass sich die Einwohner von Entwicklungsländern über Mobiltelefone mit dem Internet verbinden. Halb Afrika geht heute über das Mobiltelefon online. Kenia liegt dabei weit über dem Durchschnitt.

Doch warum blüht ausgerechnet in Kenia die Tech-Szene? Die Politik hat in Kenia exzellente Rahmenbedingungen geschaffen. Schon früh brach das Land mit dem Telekommunikationsmonopol und setzte auf die Liberalisierung des Marktes. Das Land baute seine Internetkapazitäten aus wie kein anderes in Afrika. Kenias Liebe zum Web hat dem Land deshalb auch den Spitznamen Silicon Savanne eingebracht.

Doch nicht nur hier geht es aufwärts. Der ganze Kontinent legt digital zu. Afrikas Internet-Traffic wächst weltweit am stärksten. Unternehmen wie Google verzeichnen bei der Online-Werbung auf afrikanischen Seiten Klickraten, die Westeuropa locker abhängen. Die ökonomischen Effekte des Webs sind denen des Mobiltelefons ähnlich: Jeder Ausbau von High-Speed-Verbindungen hat in der Vergangenheit immer auch zu einem eklatant höheren Wirtschaftswachstum geführt. Es ist daher nicht verwunderlich, dass zu Beginn des 21. Jahrhunderts zum ersten Mal eine afrikanische Marke zu den 100 wertvollsten der Welt zählt. Es ist der Konzern MTN, natürlich ein Mobilfunkunternehmen. Die Wahrscheinlichkeit, dass hier das nächste Facebook, Google oder Twitter entsteht, ist genauso groß wie überall auf der Welt.

Die rasante Mobilfunkentwicklung Afrikas schwappt langsam in den Westen herüber. Die Botschaft ist eindeutig: Wer in der Zukunft des Webs eine Rolle spielen will, setzt zunächst aufs Mobilgerät und erst dann auf den traditionellen Rechner.

EIN TREIBSTOFF FÜR GLOBALE ENTWICKLUNGEN.

Anokwas Open Data Kit verbreitet sich jedenfalls heute schon bis in die entlegensten Winkel unseres Planeten, um zu einem globalen Katalysator mannigfaltiger Entwicklungen zu werden. Je nach Konfiguration hilft es, in den USA Multimedia-Karten der dort ansässigen Tierarten zu erstellen, in Australien die Effektivität von Hilfsprogrammen zu überprüfen, in Brasilien die Aufforstung des Regenwalds zu überwachen, in Afghanistan die ordnungsgemäße Durchführung von Wahlen zu prüfen, in Sansibar den Gesundheitszustand von Nutztieren zu erfassen und in Kenia den Erfolg von Maßnahmen zur CO_2-Vermeidung zu prüfen und damit den Handel mit Emissionspapieren zu ermöglichen.

Überall entstehen so sensorische, intelligent verschaltete Netze, die Informationen über die Umwelt, den Menschen und sein Verhalten aufnehmen und damit die Grundlagen für erfolgreiches Handeln in einer immer komplexer werdenden Welt liefern.

»Das Projekt wächst weiterhin rapide. Wir schätzen, dass es zwischen 10.000 und 50.000 sind, die das ODK nutzen. Eins der Dinge, die sich mit der Zeit geändert haben, ist, dass mehr und mehr Organisationen ganze Systeme um das ODK herum bauen.« Tatsächlich verändert die Software nicht nur die Arbeitsweise und Strukturen von NGOs und Unternehmen, steigert die Effizienz von Abläufen oder die Qualität ihrer Leistung, sondern bildet immer häufiger auch das Fundament ihres Geschäftsmodells und damit die Grundlage ihres Wirkens.

Letztendlich hat Anokwa über Einöden, den Wüsten und schwer zugänglichen Terrains einen virtuellen Raum entdeckt, den zuvor niemand gesehen hat. Einmal angebohrt, wird er zur kaum versiegenden Quelle: Da, wo vorher nichts oder kaum etwas möglich schien, kann heute zum ersten Mal etwas gedeihen. Sein Betriebssystem der Zukunft nimmt die Welt, gleichermaßen aber auch den Menschen selbst in Betrieb, kultiviert es doch seine Kreativität, sein Vermögen, die Instrumente zu gestalten, die im jeweiligen Kontext Erfolg versprechen. Darin liegt dann auch die eigentliche Kraft des Systems begründet: Die Erfindung macht viele andere zu Mit-Erfindern.

»MAN MUSS WIRKLICH HIERHIN ZIEHEN. MAN MUSS DEN LOKALEN KONTEXT VERSTEHEN. DANN KANN MAN FORTSCHRITTE ERZIELEN.«

NACHWORT

NACHWORT

Die in diesem Buch versammelten *Innovation Stuntmen* sind Botschafter eines Innovationsbegriffs, der sich an Menschen, ihren Fähigkeiten und Talenten orientiert. Es geht ihnen darum, Felder zu erschließen, auf denen andere wachsen beziehungsweise über sich hinauswachsen können.

Dabei stellt sich die Frage, ob die Mechanismen ihrer Innovationen auf andere Bereiche der Gesellschaft übertragbar sind. Lässt sich mit den Prinzipien hinter einem Spiel wie *Journey* das Management einer Schraubenfabrik erneuern? Welche Erkenntnisse kann der öffentliche Nahverkehr aus der Schule von Katie Salen gewinnen? Steckt in Yaw Anokwas ODK Material, aus dem man eine neue Wirtschaftsordnung konstruieren kann?

Schön wäre es jedenfalls. Also haben wir versucht, die Arbeit von einigen der einfallsreichsten Menschen der Welt zu anwendbaren Formeln zu destillieren. Daraus ist zunächst ein Programm aus Workshops entstanden, das wir an Hochschulen und im Rahmen von Seminaren getestet haben. Die Ergebnisse machen Hoffnung und darüber hinaus viel Spaß.

Aus den Inhalten des neuen Programms soll im nächsten Schritt ein Buch werden, das sich wieder um das Thema Innovation drehen wird. Das Augenmerk wird darin jedoch auf der Anwendung der unterschiedlichen kreativen Wekzeuge liegen, die man benötigt, um die Zukunft herzustellen.

Auf unserer Web-Plattform *innovationstuntmen.com* kann man uns bei der Arbeit über die Schulter schauen. Wir freuen uns auf Ihren Besuch!

Stefan Scheer und Tim Turiak

BILDNACHWEISE

Seite
10, 17, 18, 20, 23, 24, 26	Haarala Hamilton
32, 39, 40, 42, 44, 47, 48, 50, 52, 54	Thatgamecompany
60, 67, 78, 80	Kéré Architecture
68, 70, 72	Erik-Jan Ouwerkerk
77	Hans Georg Gaul
86, 93, 94, 99, 100, 102, 104	Skylar Tibbits
110, 117, 118, 120, 122, 124	Institute of Play
134, 141, 142, 144, 149, 150, 152	Cornell University
146	John Amend, Cornell University
158, 170	peepoople, Niklas Palmklint
165, 166, 168	peepoople, Camilla Wirseen
180	Bruce Hemingway
187	Seth Cooper
188, 190, 192	Foldit
202	Hélène Martin
212, 216	Carl Hartung